高校体育教学与科学训练

马健勋 著

北京工业大学出版社

图书在版编目（CIP）数据

高校体育教学与科学训练 / 马健勋著． — 北京：北京工业大学出版社，2022.8
　　ISBN 978-7-5639-8423-7

Ⅰ．①高… Ⅱ．①马… Ⅲ．①体育教学－教学研究－高等学校②运动训练－教学研究－高等学校 Ⅳ．① G807.4 ② G808.1

中国版本图书馆 CIP 数据核字（2022）第 179991 号

高校体育教学与科学训练
GAOXIAO TIYU JIAOXUE YU KEXUE XUNLIAN

著　　者：	马健勋
责任编辑：	李　艳
封面设计：	知更壹点
出版发行：	北京工业大学出版社
	（北京市朝阳区平乐园 100 号　邮编：100124）
	010-67391722（传真）　bgdcbs@sina.com
经销单位：	全国各地新华书店
承印单位：	三河市腾飞印务有限公司
开　　本：	710 毫米 ×1000 毫米　1/16
印　　张：	11.5
字　　数：	230 千字
版　　次：	2023 年 4 月第 1 版
印　　次：	2023 年 4 月第 1 次印刷
标准书号：	ISBN 978-7-5639-8423-7
定　　价：	72.00 元

版权所有　翻印必究

（如发现印装质量问题，请寄本社发行部调换 010-67391106）

作者简介

马健勋，出生于1983年1月，籍贯为辽宁省沈阳市，汉族，研究生学历，讲师职称。毕业于沈阳体育学院，现任职于沈阳医学院，主要从事体育教学和训练。曾主持并参与省、市级多项课题，并发表学术论文多篇。

前　言

在我国社会现代化发展水平不断提高以及教育改革力度不断加大的环境下，人们不仅对高校学生专业课发展给予了高度关注，而且对高校体育教学整体发展水平有了全新的认识，使高校体育教学整体发展水平呈现出前所未有的上升态势。此外，科学的体育训练实践也是当前建设"体育强国"的关键步骤，同时是满足大学生多元化体育学习诉求、提升高校体育教学质量的核心要义。基于此，本书对高校体育教学与科学训练展开了系统研究。

全书共六章。第一章为绪论，主要阐述了体育教学与高校体育教学、高校体育教学的发展背景、高校体育教学的功能、高校体育科学训练的要素等内容；第二章为高校体育教学理念，主要阐述了以人为本、健康第一、终身体育等内容；第三章为高校体育教学要素的改革，主要阐述了高校体育教学内容的改革、高校体育教学过程的改革、高校体育教学方法的改革、高校体育教学模式的改革、高校体育教学评价的改革等内容；第四章为高校体育教学策略与设计，主要阐述了高校体育有效学习与有效教学、高校体育教学策略与课堂教学设计、高校体育学习认知风格与差异教学等内容；第五章为高校体育运动的科学训练，主要阐述了球类运动的科学训练、田径运动的科学训练、有氧运动的科学训练等内容；第六章为科学训练的运动处方与损伤预防，主要内容为体育训练处方概述、运动处方的应用与注意问题、体育科学训练中损伤的预防、体育运动损伤的康复调整等。

为了确保研究内容的丰富性和多样性，笔者在写作过程中参考了大量文献，在此向涉及的专家学者表示衷心的感谢。

最后，限于笔者水平，本书难免存在一些不足，在此恳请同行专家和读者朋友批评指正！

目 录

第一章 绪 论 ……………………………………………………… 1
第一节 体育教学与高校体育教学 …………………………… 1
第二节 高校体育教学的发展背景 …………………………… 15
第三节 高校体育教学的功能 ………………………………… 17
第四节 高校体育科学训练的要素 …………………………… 20

第二章 高校体育教学理念 ……………………………………… 25
第一节 以人为本 ……………………………………………… 25
第二节 健康第一 ……………………………………………… 33
第三节 终身体育 ……………………………………………… 38

第三章 高校体育教学要素的改革 ……………………………… 52
第一节 高校体育教学内容的改革 …………………………… 52
第二节 高校体育教学过程的改革 …………………………… 56
第三节 高校体育教学方法的改革 …………………………… 58
第四节 高校体育教学模式的改革 …………………………… 71
第五节 高校体育教学评价的改革 …………………………… 84

第四章 高校体育教学策略与设计 ……………………………… 91
第一节 高校体育有效学习与有效教学 ……………………… 91
第二节 高校体育教学策略与课堂教学设计 ………………… 101
第三节 高校体育学习认知风格与差异教学 ………………… 110

第五章 高校体育运动的科学训练 ……………………………… 117
第一节 球类运动的科学训练 ………………………………… 117

1

  第二节 田径运动的科学训练 …………………………………… 132

  第三节 有氧运动的科学训练 …………………………………… 138

第六章 科学训练的运动处方与损伤预防 ………………………………… 142

  第一节 体育训练处方概述 ……………………………………… 142

  第二节 运动处方的应用与注意问题 …………………………… 150

  第三节 体育科学训练中损伤的预防 …………………………… 157

  第四节 体育运动损伤的康复调整 ……………………………… 168

参考文献 …………………………………………………………………………… 173

第一章 绪 论

高校体育教学是高校体育的重要组成部分，高校体育教育实施也是通过高校体育教学来体现的。高校体育教学能够培养体育专业技术人才，推进高校体育教育事业的发展。本章分为体育教学与高校体育教学、高校体育教学的发展背景、高校体育教学的功能、高校体育科学训练的要素四部分。

第一节 体育教学与高校体育教学

一、体育教学

（一）体育教学相关概念

1. 教学

"教学"最早见于《商书》，但这里的"教学"只是一种先学后教、边教边学的单向活动，即强调"学习"的活动。自《学记》提出"教学相长"以来，"教学"才具有"教与学"双向活动的含义，但它与"教育"一词有着相似的含义。捷克教育家夸美纽斯在《大教学论》中称，教学为"将一切事物教给所有人的全部艺术"。

教学，是"教"和"学"。《教育大辞典》中注释：其一，教学以课程内容作为中间媒介；其二，教学同时包含师生双方教和学的共同活动；其三，教学是学校实现教育目标的基本途径。

教学在教育领域被广泛应用，内涵和外延丰富。但是，在学术领域暂未形成有关教学的统一概念，有关教学的概念可见于相关学者的研究文献中。张华在《课程与教学论》中，通过教师和学生的双重角度去理解教学，即教学是教师和学生以课堂为主渠道的相互交流活动，体现教师的教与学生的学，教学是有关教师与学生的双边统一活动过程。现代汉语将"教学"解释为：教学是指教师有目的、有计划、有组织地引导学生学习，以传授和掌握科学文化知识为基础，促进学生素质提高的教与学相统一的教育活动过程。

尽管目前对"教学"一词的概念并未达成共识，但从上述不同的"教学"词源和释义来看，"教学"的内涵集中体现于教师的教、学生的学、以课程内容为媒介和实现教学目标四个方面。

2. 体育教学

从狭义的角度出发，体育教学主要局限于学校体育教学，强调教师在体育教学中的作用。潘绍伟等人在《学校体育学》中，将体育教学定义为：体育教学是指学生在体育教师的指导下共同参与体育活动，有目的、有计划和有组织地进行体育认知、身体练习和情感交往等活动。也有学者认为体育教学是以体育教材为中介，使学生在体育教师的指导下掌握体育知识及技术技能、养成良好体育锻炼习惯以促进其身体、心理、社会等适应能力且使之得以健康发展的教育活动。体育教学包括体育教学目标、体育教学主体、体育教学过程、体育教学原则、体育教学内容、体育教学组织与实施、体育教学计划与设计、体育教学模式、体育教学方法、体育教学环境、体育教学评价以及体育教学研究。

从广义的角度出发，体育教学的范围较为广泛，不局限于学校体育中的体育教学相关内容，还包括竞技体育运动领域和社会体育过程中的体育教学。龚正伟在《体育教学论》中指出，体育教学并非指学校体育教学，而是由学校体育、竞技体育和社会体育三方面共同组成的，但实现体育教学的主要场所依然是学校。这一表述具有高度的概括性，既明确了体育教学的范围，又体现了学校体育工作在体育教学研究中的重要角色定位。

体育教学具有技术教学与文化教学的双重属性，学校体育教学实践活动需处理好两者之间的关系，使之可以和谐共生，共同促进体育教学实践活动实现更高、更快、更强的价值追求。总之，体育教学不仅仅是传授体育知识与技能，还要传播体育运动所承载的体育文化；体育教学不仅仅将增强体质作为终极目标，还要以培养现代人为重要目标；体育教学不仅仅注重原始身体机能层面的发展，更注重超越身体与物质层面的精神追求。

（二）体育教学研究

"体育教学研究"是指研究者们借助科学的理论与方法，有目的和有意识地对体育教学领域中出现的各种现象进行研究。毛振明在《体育教学论》中，分层定义体育教学研究，指出开展体育教学研究，一方面是为了完善体育教学理论体系，另一方面是为了提高体育教学质量。体育教学研究的出发点是致力于解决体育教学实践过程中出现的各种问题，体育教学研究的前提是选择和使用科学的研究方法和手段，体育教学研究的目的是揭示体育教学领域存在的规律和探索体育教学的本质，涉及体育教学的一切研究工作都是体育教学研究。从上述研究者对体育教学研究的描述与界定看，体育教学研究是为了解决体育教学过程中的问题，并且主要是为了解决体育教学实践问题而存在的。

1. 体育教学指导思想研究

体育教学指导思想，一般产生于特定的社会时期，以指导学校体育教学实践活动。前沿性和精准性是体育教学指导思想的特点。笔者经过归纳和总结后发现，自从中华人民共和国成立以来，我国一共形成了10余种不同的体育教学指导思想，这些教学指导思想，在学校体育教学实践工作中，发挥着良好的指导作用。

时立新认为"健康第一"指导思想对体育教学改革意义重大，探讨并回答了如何正确树立"健康第一"指导思想、"健康第一"指导思想会对体育教学产生哪些影响、体育教学改革该如何落实"健康第一"指导思想等问题，指出"健康第一"指导思想应贯穿体育教学目标设置、内容选择、方法制定和评价的全过程，并建议从学生理论知识补充、师资队伍建设、教学方法选择、教学评价观念转变等方面落实"健康第一"指导思想。

舒盛芳、沈建华探究了实施素质教育的指导思想。他们认为，在全面深化体育教学改革，推进素质教育的进程中，应以全面和发展的眼光审视体育教学指导思想，厘清素质教育、健康第一和终身体育之间的特殊关系。他们提出终身体育思想、健康第一指导思想应该贯穿体育教学的全过程，是体育教学实施素质教育的根本指导思想，能够全面确保素质教育的有效实施。

2. 体育教学目标研究

体育教学目标，指体育教学实践中教师和学生期望达到的结果和标准，也称作课时计划。体育教学目标的确立，依据运动项目的变化而变化，不同的运动项目，所选择的体育教学目标和重点也各不相同。

邵伟德、李启迪、胡建华鉴于体育教学目标和学校体育目标具有不同特征，认为学校体育和体育教学是分属不同层面的系统，必须有不同的目标内涵，即体育教学目标侧重于学习和提高运动技能，学校体育目标更倾向于学生体育学习能力的提升。

于素梅提倡在体育教学实践中推行三位一体的教学目标体系，即体质健康促进、运动技能掌握与健全人格培养的目标要求。她指出了教学质量、教学效果和学生学习目标达成度之间的关系，即教学质量高低并非由教学过程体现，而是由教学效果直接反映，且学生学习目标是否达成，也关乎教学质量高低。她提出体育教学的各个环节设置与三位一体的教学目标密不可分，提高体育教学质量的策略，应从三位一体的教学目标设置切入。

3. 体育教学模式研究

体育教学模式，是指在一定的教学思想或理论指导下，构建较为稳定的教学活动程序和结构，也是将教学理论转化为有效教学实践的一种方式。体育教学模式在体育教学改革方面表现出较高价值。

毛振明将体育教学模式定义为体现某种教学思想的教学程序，它包括相对稳定的教学过程结构和相应的教学方法体系。为了更直观地了解体育教学模式的特点，毛振明简化了教学过程所要考虑的教学因素，更加有利于体育教学模式的发展与创新。

赵立提出体育教学模式是体现某种教学思想或规律的体育教学活动的策略和方式。

胡海鹰提出不同的体育教学模式具有不同的体育教学目标、教学方法与手段，蕴含的指导思想也不同。

樊临虎认为，体育教学模式是指在一定的教学思想或理论指导下设计和组织体育教学，在实践中建立起来的各种类型体育教学活动的范例，它以简化的形式稳定地表现出来。

马国锋、梁小军从6个方面构建信息交互反馈教学模式。该模式凸显信息传递在体育教学中的作用，强调学生在教学中的主体地位，借助灵活的形式开展体育教学活动，充分整合体育教学中的各种信息，完成预期教学目标。该模式以健美操课堂开展信息交互反馈教学模式为教学实证，并取得了良好的教学效果，教学模式的优越性和实践性充分显现。

邵伟德、尚志强梳理了1994—2003年我国体育教学模式的研究情况，从教学模式的概念提出，实验研究的开展等方面，肯定以往体育教学模式的研究成果，指出了体育教学模式研究存在的不足之处，即体育教学模式概念的规范性有待提高，缺乏科学化、规范化的研究，缺乏理论层面的研究，优化策略与实验研究相对较少，并预测了未来体育教学模式的研究走向——理论研究与实践研究结合、体育教学模式概念优化和策略选择持续深化、更注重学生的主体地位和模式评价。

综上所述，体育教学模式的概念有以下共同点：第一，具备一定的教学指导思想；第二，符合规定的教学活动程序；第三，具有相应的教学方法体系。可见，体育教学模式是在一定的体育教学思想或教学理论指导下，围绕教学目标形成的一套稳定的、系统化和理论化的教学范型。

4. 体育教学改革研究

体育教学改革是推动体育教学发展的有效路径，是更新体育教学理念的最佳方式。笔者通过梳理文献资料发现，国内有关体育教学改革的研究，大多体现在对历史的回顾与梳理、现状问题的分析等方面。

吴忠义、高彩云回顾了我国高校体育教学的改革历程。他们基于发展观的全新视角，将高校体育教学改革划分为三个阶段，剖析各阶段改革特点及存在的问题。他们指出高校体育教学改革重心应由重点高校转向一般高校；教学改革实验的规范性和科学性应得到完善；应适当进行理性的学术批判，以促进高校体育教学改革的发展；应客观考核和评价体育教师在改革中的作用。

郑先常、绍斌从历史观视角出发，梳理了新中国成立以来的8次教学改革，并从辩证的角度审视体育教学改革历程。一方面，肯定目前体育教学改革取得的成效：体育教学理念逐步转变，实施素质教育促使教学内容多样化，体育教学方法体系日趋丰富，教学评价具有科学、灵活的特点；另一方面，指出体育教学改革存在的不足之处：教学的健身功能被削弱、课程与教学内容界定不清晰、传统教学方法被质疑、体育教师地位弱化、健康第一指导思想的错误解读。二者并对今后体育教学的发展提出了可行性建议。

5. 体育教学评价研究

体育教学评价是指依照一定的衡量标准，对体育教学过程中的相关环节和课后教学效果进行的一系列价值考量和量化评价。

姚蕾、闻勇从本质、特点、功能、问题和趋势5个维度探讨了体育教学评

价。他们认为，体育教学评价过程兼顾客体的整体性，是体育教学评价的本质要求；体育教学评价具有客观性、决策性、有序性的特点；体育教学评价具备反馈、动机强化、鉴定等多种功能；体育教学评价存在目的认识偏差、内容不够全面和方法缺乏科学性等问题；体育教学评价的发展趋势为评价理念日益更新、评价内容不断扩展、评价方式综合应用。

胡永红、周登嵩、吴邵兰以有效教学的内涵为理论依据，采用访谈法、德尔菲法和层次分析法等多种研究方法，构建了有效体育教学评价体系。该体系遵循定量与定性评价相结合的构建原则，具有全面、系统、可操作性强的评价特点。

笔者通过梳理国内体育教学研究文献，发现国内体育教学研究内容呈现了多样化、多元化、精细化的特点；研究方法种类较多，研究者能够选择合适的研究方法展开研究；研究类型主要分为理论研究和实践研究。体育学科特点促使体育教学实践研究成果丰富。国内体育教学研究也存在不足，大多对体育教学内的某个方面进行研究，缺乏整体研究；大多数研究者习惯采用传统研究方法，仅有少数研究者借鉴其他学科领域的新兴研究方法或研究工具进行研究。

目前国外体育教学研究领域的研究方向主要是教育教学、体育科学、其他社会科学主题、心理学和公共环境下的职业健康等。笔者经过合并归类后，得出国外体育教学的研究方向主要集中在以下三个方面。

①以教育教学与体育科学为研究方向。由于体育科学的研究方向过于宽泛，并且体育科学与其他四个研究方向存在文献重合率较高的现象，仅与教育教学研究方向的文献重合率就达60%，因此，将体育科学与教育教学两个研究方向合并。该研究方向主要集中于体育教学理论研究、体育教学模式构建以及体育教学设计三方面，主要以宏观层面的理论指导研究为主。

②以其他社会科学主题和心理学为研究方向。由于其他社会主题和心理学两个部分的文献重合率较高，存在较多的相似部分，因此，将两个研究方向合并。该研究方向主要针对素质教育和体育教学主体的社会心理等方面，结合教育学、社会学和心理学等学科，注重解决实践过程中的问题，研究成果丰硕，具有较大的实践研究意义。

③以公共环境下的体育职业健康为研究方向，主要集中于体育教师的培养策略和体育教学课程改革等方面的研究。该研究方向关注体育教师的职业健康发展情况、体育活动促进身体健康的效果、体育教师在体育教育中的发展及其相关影响因素。

二、高校体育教学

（一）高校体育

关于高校体育，学术界有不同解释。陈安槐在《体育大辞典》中将高校体育界定为包括体育课教学、课外体育活动、课余体育训练和体育竞赛在内的普通高校体育活动；周登嵩在文章中所指称的高校体育为对普通大学生进行的体育教育活动，俗称"公共体育"，主要包括体育课教学、课外体育活动、课余体育训练和体育竞赛等，是大学教育的构成部分，是学校体育的最后一个阶段。

徐伟国、丁宁都在文章中提到将"高校体育""高等学校体育""普通高校体育"等基本表达同一事物或概念的词语统称为"高校体育"，即对普通大学生进行的体育教育，俗称"公共体育"，主要以体育课教学、课外体育活动、课余体育训练和体育竞赛等为要素，传统上是没有体育本科专业教育的大学组织实施的各项体育及相关活动。

仇军提到研究高校体育问题不能孤立地从教学的角度进行，而应该把它放到一个更为广阔的背景中去分析，才能得出较为合乎事物发展规律的认识。但是实际上人们对高校体育的认识，常有意无意地以体育教学、群体活动替代高校体育。改革开放以来，人们虽然不断突破对高校体育自身理解的局限，但是总体上仍然没有形成与时代要求相适应的高校体育观。

刘会成从不同视角分析了高校体育：从普通体育教育视角来说，高校体育是由学校组织实施的、以全体学生为对象进行的体育教育活动；从学校组织行为视角来说，高校体育是由学校组织实施的所有体育活动以及相关活动；从学校的职能视角来说，高校体育还包括除体育教育、体育锻炼、竞技之外的与体育相关的活动。因此，高校体育并不特指狭义的概念范畴，还应该体现现代大学职能特征，包括高校体育的社会性内容。

彭庆文对高校体育做了更全面的分析：第一，高校体育是一个有组织的、有目的的行为系统；第二，高校体育是高等教育与体育系统的结合，对高等教育和体育系统都具有一定的、独特的价值；第三，高校体育往往表现为具有较高文化水平层次的体育及其相关活动。

综上所述，笔者认为，高校体育是由学校组织实施、以普通大学生为对象进行的体育教育活动，也就是非体育专业的公共体育课，俗称"公共体育"，主要包括体育课教学、课外体育活动、课余体育训练和体育竞赛等。

（二）高校体育教学的构成要素

1. 高校体育教学的结构要素

对高校体育教学具有影响的各种要素以及各要素的相互关系就是高校体育教学的结构。体育教材、体育教法、体育教师、学生等都是高校体育教学的基本结构要素。

①参与要素。主要指体育教师和体育教学中的学生。

②施加要素。体育教学要满足社会对学生的要求，这主要体现在体育教学任务、教学内容、教学大纲与教学计划等要素中，这些要素在体育教学的结构要素中，属于外部施加要素。连接体育的教与学是这类要素的主要作用。体育教学过程是由体育教学任务、内容和计划等要素规定的，并以这些要素为依据组织与实施教学。体育教学任务和体育教学内容的价值均体现在两个方面，即显性方面和隐性方面，将这两个方面的关系处理好，能够促进学生健康和谐发展。

③媒介要素。体育教学是在一定时空条件下对相关信息有序进行传递的过程。媒介是传递信息的必备条件，具有针对性、可控性、安全性、抗干扰性及实用性等特征。在体育教学中，要想顺利传递信息，必须具备场地器材、环境设备、组织教法等重要媒介。在这些媒介中，场地器材和环境设备是体育教学的基本物质条件，组织教法的作用主要体现在将学生、教材和物质媒介联结起来，对教学过程进行调控。体育教学质量能否得到保证，一定程度上要看是否具备高质量、现代化的媒介条件。

在高校体育教学过程中，这三大要素是动态结合、不断变化的，其中最为重要的是参与要素中的教师的主导作用。体育教师应掌握并熟练运用各种教学艺术，将学生的学习积极性充分调动起来，将各种要素调控好，从而提高教学质量，顺利完成教学任务。

2. 高校体育教学的过程要素

（1）高校体育教学目标

通过体育教学要达到的结果就是体育教学目标。体育教学的价值取向主要体现在体育教学目标中。只有确定了体育教学目标，体育教学才会有明确的方向，体育教学的出发点和最终归宿也才能确定下来。而且，在体育教学评价中，体育教学目标是一个非常重要的定向参考因素。如果没有确定教学目标，体育教学就会漫无目的、盲目开展，体育教师也就无法掌控教学过程。

根据学生的身心发展规律和运动需求，笔者把高校体育教学目标概括为以下三点。

①掌握系统的理论知识和系统的练习方法，提升体育文化修养，逐渐养成终身体育意识。

②主动巩固所学的知识技能，以此促使身心健康发展，提升预防疾病与适应社会环境的能力，彰显具有正能量的生活态度。

③养成比较积极的体育价值观念，能够主动通过运动的方式调节生活气氛，加强对社会的归属感。

在体育教学过程中，不仅要增强学生的体质，还要培养学生符合时代精神的道德情操与文明素养。根据不同的学生、不同的教学设计要使用不同的教学方法，充分做到因材施教。

（2）高校体育教学内容

在体育教学中，体育教师给学生传授的体育与健康知识、技能和方法等都是体育教学内容。体育教学目标能否达成，体育教学质量能否提高，直接受体育教学内容的影响。只有科学选择体育教学内容，并有效实施，才能使体育教学过程更加顺利，才有可能完成体育教学目标，并使体育教学质量得到提高。

体育教学如果没有教学内容，就不能称为体育教学，而是体育锻炼。这时体育就不是一门学科了，而是一项活动。因此选编和运用体育教学内容非常重要，在开展这一项工作时，要对学生需要、社会要求、学科体系进行充分考虑。

在当今这个人才辈出的社会，体育作为一门实践型课程，在教学执行过程中，师生之间、生生之间的互动蕴含了团结与合作的精神，可以培养学生的集体意识和社会责任感。在现如今的社会发展中，团结与合作精神已经成为每个人的必备品质之一，它使人在社会发展过程中占据有利位置。教育组织倡导使学生的团结与合作精神进一步提高，让学生充分发挥共享的作用，这都意味着团结与合作精神在学生的成长过程中占据重要地位。而体育教学作为师生之间、生生之间交往的不可或缺的重要载体，它既有行为的互动，也有语言的交流，在这个过程中处处彰显着团结与合作精神。从教学目标的设置到教学内容的实施，都要有团结与合作精神的存在。比如，体育教学中可以包括一些对抗性项目，像在篮球项目中，可先以练习双人的行进间双手胸前传接球为基础，然后进阶为三人、四人、五人的行进间双手胸前传接球，最后可以通过传接球的比赛进行巩固。这种模式既培养了学生的团队精神，又提升了合作的有效性。

（3）高校体育教学策略

体育教师以体育教学目标和学生的具体情况为依据而选择的有效教学技术和手段就是所谓的体育教学策略。此外，有助于学生理解教学内容的各种信息以及信息的传递方式也属于教学策略的范畴。

体育教学策略与体育教学目标、体育教师、学生等因素密切相关，这一要素对体育教学工作的成败和效率的高低有直接的影响，所以为更好地开展体育教学，完成教学任务，需要对体育教学方法、组织形式和手段进行科学选用。

（4）高校体育教学评价

教学评价是提高教学质量的关键环节，是以教学目标为依据，按照科学的标准，运用一切有效的技术手段，对教学过程及结果进行测量，并给予价值判断的过程。评价指标体系是指由表征评价对象各方面特性及其相互联系的多个指标所构成的具有内在结构的有机整体。

依据体育教学目标制定标准，运用有效评价技术手段测定与衡量、分析与比较体育教学活动过程及其结果，并进行价值判断的过程就是体育教学评价。促进体育教学质量的提高和学生的全面发展是体育教学评价的主要目的。

作为体育教学的一个要素，体育教学评价与教学目标、教师等的关系非常密切。一般体育教学评价指标由教师根据教学目标制定。体育教学评价的发展趋势应为实现评价理念的不断更新、评价内容的不断扩展和多种评价方式的综合运用。

（三）高校体育教学的相关研究

1. 高校体育教学现状研究

王晓红在《高校课外体育活动现状与发展研究》中指出，现在高校的体育教学活动面临很大的问题，很多高校开展的体育教学活动项目较多，虽然满足了众多学生对选课的要求，但是缺少精品课程，因此需要对课程质量进行提升，权衡好体育课和课外体育活动之间的关系。

林然在《哈尔滨市民办高校冬季体育课开展现状研究》中指出，哈尔滨民办高校的体育课程包括一些冬季体育课程，但是在该地区，民办高校的冬季体育课却达不到应开尽开的程度。由于经费问题，哈尔滨大部分民办高校没有开设符合该地区气候特征的体育课程。因此，林然建议哈尔滨民办高校开展冰雪运动课程，满足学生的不同需求；提升硬件设施，加强师资力量的培训。

2. 高校体育教学课程研究

李铁在《沧州市区高校体育课程设置现状研究》中指出，大学是培养学生终身体育思想的重要阶段，学校的体育教学应该起到该有的作用，帮助学生认识体育运动，学习体育保健知识和体育运动技能。他认为，高校的体育教师要完善课程内容和课程目标，促使每名学生都能找到自己感兴趣的体育运动，并将该运动坚持下去，增强自身体质，促进身心健康。在体育课程的开设方面，他认为要保留我国的优秀传统体育项目，还要开设学生喜欢的运动项目，引进优秀的体育教师，强化师资队伍，完善体育课程的评价体系，从单一的评价方式转化为全面的评价体系，引导学生积极主动地参与到体育锻炼中。

薛飞娟在《高校体育教学中微课程设计研究》中认为，现代信息技术使体育教学不再限于传统的面授课，要积极开发优秀的线上课程，满足不同学习能力、不同学习阶段、不同水平的学生不受场地限制、时间限制都可以完成对体育技能的学习。她建议将优秀的课程引入学校，主要以短时间的教学视频为主，要求内容简练而完善，使学生能够自主学习，尤其对于复杂的技能要进行动作的分解和讲解。

3. 高校体育教学环境研究

丁仙子认为，体育教学环境在学生参与体育运动的过程中有不可替代的作用，学校的外部硬件设施完善在一定程度上能吸引学生参与锻炼。学校的内部体育文化建设对体育教学也有很大的作用：学校优秀的体育竞赛文化能够促进学生积极参与到体育运动中；学校开放的体育教学氛围建设对于学生参与体育运动具有积极的促进作用。因此，在建设学校体育教学环境时，要重视内外两个方面。

4. 高校学生对体育教学态度研究

吴桐在《高校学生运动热情对体育课学习满意度的影响研究》中提到，在对高校学生进行调查的过程中发现，很多学生在学校非常喜欢体育运动，在课外能积极参与到体育锻炼和体育竞赛中，但在问及对体育课的态度时，大多数学生表示不愿意参与到体育课的教学中。因此，高校应开设学生喜欢的体育课程，营造良好的体育课堂氛围，提升学生对体育课的满意度。

5. 高校体育教学活动风险以及应对措施研究

风险指的是可能会遭受的损失、损坏或破坏，由于风险描述的是一种可能性，所以风险可以被定义为未来坏事情发生的概率。国内学者黄崇福将风险定义为"面对伤害和损失的可能性"或"不良事件的可能性"。石岩认为风险包含风险损失、结果的差异和不确定性三个方面的含义。

学校体育风险指的是在学校体育活动过程中，由于体育活动环境的不确定性和偶然性，以及管理的主体能力和运营能力的限制，而造成的人身伤害和财产损失的可能性。体育教学风险的定义为大学生在体育教师的指导下进行教学活动的过程中，由于主客观环境的复杂性、多变性和不确定性，而导致学生伤残或死亡的风险。

高校体育教学活动风险具有以下特征：①客观性、普遍性。由于人体及体育运动的复杂性、多变性，体育活动参与者掌握内外各种信息的不完全性，以及由于主观和客观原因不能在已知条件下做出正确的决定，导致风险在体育课教学中无处不在，参与者的每一个行为对体育课教学来说都是一个潜在的威胁。风险是一种客观的、普遍存在的事物，它不依赖人们的主观意识，也不依赖人们的意志。不管人们是否意识到或承认，风险始终无处不在，无时不有。如体育活动前准备不足和天气突然变化等因素都可能带来风险。这说明体育课教学风险是客观的、确定的，即体育教学活动风险的客观性和普遍性。②复杂性、多变性。体育运动会因社会、文化、科技、自然等宏观环境的各个方面的复杂多变的不确定性，而产生多种风险；也会因体育工作者或体育活动参与者的心理、生理等微观环境的各个方面的不确定性，而引起不同的风险。另外，随着社会的发展和科技的进步，一些旧的风险会消失，新的风险又会产生，而且这些风险往往会产生复杂微妙的相互影响（蝴蝶效应），从而使体育教学活动风险异常复杂。面对如此复杂的风险，如果学校的各个部门、师生的风险意识不强或者将风险管理作为各部门的附属功能，孤立地去执行，没有一套完整、科学、严谨的全面风险管理的机制和体系，是不可能做到有效的防范、预警和控制的。因而体育教学活动风险具有复杂性和多变性。③偶然性、必然性。人们所处环境的不同和对客观事物认识的局限性会导致主观对风险的认识与风险的实际存在之间存在差异，从而产生风险的不确定性。风险及其本身可能造成的危险事件常常是随机出现的，完全是一种偶然、杂乱无章的运动轨迹，这就体现了高校体育教学活动风险的偶然性。并且因为高校体育教学具有较强的时空特征和活动特征，加之体育项目本身的特征，所以风险发生具有一定的必然性。

有关高校体育教学活动风险的应对措施研究成果如下。

张俊、张超慧在《体育教学风险的另类思考》中，通过市场学中的风险利益理念对体育教学进行了重新审视,指出体育教学除了有许多不确定性因素和风险外,还存在许多利益。他们认为,在体育教学中要想更好地应对风险与利益之间的关系,就要将思维角度转换一下,改变过去的陈旧思想,即风险就是意外事故的思想,将体育教学的理论和实践两个方面相结合考虑体育教学风险。这篇文章提供了一个新的研究体育教学的思维视角。

古维秋通过分析体育教学研究中伤害事故的风险和解决方案,提出学校体育伤害事故的风险在教学的过程中主要分为自然环境风险和社会环境风险。她认为,在今后研究体育教学风险时,这种分类方法对其具有一定的参考价值。

安磊、黄金萍在《高校体育教学中风险管理与对策研究——以哈尔滨理工大学为例》一文中,以现代风险管理理论和方法为基础,对高校体育教学风险进行了研究,进而提出大学生可以采用风险规避、风险转移、风险缓解和风险自留四种策略避免体育教学风险。

王江龙在《甘肃省普通高校体育运动风险防控机制研究》一文中,通过访谈法等方法,研究了甘肃省普通高校体育运动风险的现状、产生原因及预防方法,认为甘肃省构建的高校体育运动风险防控机制具有切实可行的理论意义与实践操作意义。他认为,只有建立具有合理性和合法性的政策引导与保障制度、具有专业性的风险基金管理制度等,才能使高校体育运动风险防控机制有序健康地发展。

汪晓光在《基于风险管理下高校体育运动项目事故防范性研究》一文中,利用风险管理理论,识别高校体能训练和体育教学过程中可能存在的风险,并对体育风险防控过程中可能发生的事情进行了内部和外部推测。

郝世煜、何秋华在《国外体育风险管理理论应用于我国高校体育课中风险防控的探讨》中,参考国外体育风险管理的相关理论及研究,从学校、教师、学生三方面提出了高校体育课运动风险的防控策略。

吴冠帅在《广东科技学院体育公共课运动风险控制机制研究》一文中,从风险管理的角度,剖析了存在于当下体育公共课中的风险事件,深入研究了公共课程存在问题的原因,制定了一系列相应的对策用于风险防范,并指出学校有充分的必要性、合法性和合理性建立体育风险防控机制。

伍汉在《高校体育风险防范机制研究》一文中,通过对高校体育风险进行概述,分析发生高校体育伤害事故的原因,进而研究高校体育风险防范机制的优化策略。

孙锋在《独立学院大学生体育运动风险识别与应对策略研究》一文中,利用文献分析法、问卷调查法,从体育场地器械风险、人为风险、环境风险、管理风险等方面，阐述了独立学院大学生体育运动风险因素，并提出了几点应对策略。

罗平在《高校体育突发事件的成因与应对措施研究》中指出，学生在学校内参与体育教学活动，主要以身体参与为主，不同的个体身体素质和身体机能不同，在进行体育教学时只能对已知的情况进行规避，不能对突发情况进行规避。有些学生身体素质较差，在做一些动作时难免会超出自己能力范围，从而突发体育教学事件。还有些情况由于项目本身特征，如篮球、足球等身体对抗性较强的项目，在合理竞技的过程中，器材可能会对人身造成伤害，对手可能会无意造成伤害引发突发事件。还有一些极端情况是教师在管理方面引发的突发事件、学生在运动场上产生矛盾而引发的恶性事件。鉴于此，高校教师应该起到关键性作用，为学生提供应对突发事件的保险措施，提高学生防范风险的能力、应对突发事件的能力。

以上研究多根据教师和学生对体育教学活动风险的认知情况，进行体育教学活动风险的调查与分析。笔者通过这些研究发现，建立学校体育教学活动风险防控机制具有充分的必要性、合法性和合理性。

6. 高校体育教学活动评价研究

庄斌在《对北京市普通高校体育课学习评价的调查研究》中指出，正确的评价方式不仅可以使教师对自身进行正确定位，还能提升学生参与体育教学的积极性。他指出体育课的评价主要分为初期、中期以及后期三方面。他认为体育教学是一个过程，要积极应用多种评价方式科学地对学生进行评价，摒弃唯成绩论的单一评价方式。就教师评价方面，应从教师的教学内容设计、组织方面进行评价，完善教师对学生教学内容的评价，使学生能够在体育教学中科学合理地学习。

刘玥在《高校公共体育课教师业务能力评价体系构建与实证研究》中指出，高校体育教师指导的学生都是具有自主意识的学生，学生对课程内容具有一定的辨别能力，要求高校体育教师不断提升自身素质，包括专业素质与文化素质。她认为，坚持定期对高校体育教师专业素质和人文素质进行检测和评价是保证高校体育教师高水平业务能力和素质的有效手段。

综上所述，笔者在对已有研究进行检索和查阅后发现，学者们对体育教学的研究范围广泛，涵盖多个方面，但在高校体育教学活动的对比方面并没有相关的研究。

第二节 高校体育教学的发展背景

一、社会的发展

在现代高校体育教学不断发展和革新的过程中,社会是其不可缺少的现实背景。高校体育教学发展的社会背景特征主要体现在以下几个方面。

(一)人们更加重视体育教学

从 20 世纪六七十年代开始,体育教学被越来越多的人所认同。这也使得更多的人认为,体育教师应对体育教育实践负责,不断地修正和反省他们在教学实践中的行为,以促使体育教学能够始终坚持正确的方向,最大限度地减少体育教学实践中的负面影响。也正是因为这种责任兑现的方式使得体育教学受到高度重视,在一定程度上也促使体育教师提高了教学效果。

(二)体育设施逐步完善

随着改革开放的深入,我国的经济得到了迅速发展,体育教育也随之迅速发展。目前,我国加大了对学校体育设施的投资,在一定程度上改善了体育教学设备、体育场地不足的现状,使体育教学内容更加丰富和完善。近年来,随着我国高校体育教育中体育设施的增多,大学生参加体育活动的积极性大大增强,从而极大地改善了高校体育教育的教学质量。

(三)"健康中国"的发展

"健康中国"是我国注重国民体质健康发展状况,凸显健康重要性的战略表现。2015 年 11 月 3 日发布的《中共中央关于制定国民经济和社会发展第十三个五年规划的建议》,明确提出要推进"健康中国"建设,首次确立了"健康中国"的战略地位。2016 年 5 月 6 日,国务院办公厅提出要完善体育课程,积极推进体育基础项目,完善考试评价办法,构建适宜的学校体育考核评价体系。习近平总书记在 2016 年 8 月 19 日至 20 日召开的全国卫生与健康大会上指出:"要把人民健康放在优先发展的战略地位……加快推进健康中国建设……"习近平总书记关于健康的重要讲话，拉开了"健康中国"在新时代的帷幕，使"健康教育"迈上了一个新的台阶。紧接着由中共中央、国务院于2016年10月25日印发并实施的《"健康中国2030"规划纲要》（以下简称《纲要》），在新时期也引起了强烈反响。《纲要》全文普及健康生活，强调加强健康教育，指出了关于健康教育的两个重要内容，分别是提高全民健康素养和加大学校健康教育力度。2017年10月18日，习近平总书记在党的十九大报告中明确提出要实施健康中国战略。2019年7月15日，国务院印发《国务院关于实施健康中国行动的意见》（以下简称《意见》），《意见》的总体要求之"指导思想"中强调，要建立健全健康教育体系，为建设健康中国奠定坚实基础，实施健康中国行动，提高全民健康水平。《意见》在"组织实施"中提到，要动员各方广泛参与，各单位特别是各学校要充分挖掘和利用自身资源，积极投身到创造健康环境中。2019年8月10日，经国务院同意，《体育强国建设纲要》正式印发，该纲要在认真学习贯彻习近平总书记关于体育工作的重要论述，加快推进体育强国建设的决策部署基础之上，提出首要战略任务是落实全民健身国家战略，助力健康中国建设。近年来一系列国家、政府文件的印发，充分证明了党和国家对体育事业的高度重视。与此同时，建设"健康中国"和"体育强国"成为体育领域关注的热点与焦点。为了适应《纲要》中提到的学校健康教育，以及其他政府文件中提到的学校方面应采取的措施，尤其是高校，需要从各个方面、各个阶段教学任务入手，落实好每一环节。

二、体育教育事业的发展

我国对学生的体育活动情况非常重视，近年来我国陆续在国家层面出台了一系列要求各大学校进行体育活动的硬性规定，如开展"全国亿万学生阳光体育运动"、定期进行学生体质监测工作、举办种类多样的学生体育运动活动等。《关于全面加强和改进新时代学校体育工作的意见》更是要求各类学校健全校内体育锻炼制度，开展普及性体育运动，举办校运动会或体育节，设立体育兴趣小组、社团和俱乐部，积极组织学生参与到校内体育活动中。《中长期青年发展规划（2016—2025年）》中指出要组织青年广泛参与全民健身活动，培养体育爱好，提升身体素质，掌握运动技能，培养终身体育的意识，明确规划提高各类青年群体健康水平的干预措施，引导高校学生"走下网络、走出宿舍、走向操场"。相关研究表明，近年来我国在学校体育方面取得了不小的成绩。

三、体育事业的发展

体育事业的不断繁荣与发展是学校体育改革与发展的一个重要现实背景。从 20 世纪 80 年代开始，我国体育事业在政治和经济政策转变的影响下，开始从低谷中走出来，竞技体育也逐渐进入世界强国之列，与此同时，群众体育也获得了非常大的发展。

伴随着我国经济的蓬勃发展，我国的体育产业也开始呈现出快速发展的态势，这也使得对体育人才的需求进一步扩大。

第三节 高校体育教学的功能

一、体育教学功能相关研究

对于体育教学功能的深度挖掘，有助于为后续的深度研究打好基础，也使得高校的体育教学价值充分展现。笔者结合学术领域的相关研究，对具体内容综述如下。

汤铎认为高校体育教学具有评价功能，既能够评价教师的综合能力，又可以对学生的基本情况有充分的了解；李爱军提到了高校体育教学具备德育功能，高校体育教学实践的可拓展性较强，可以尝试将更多的红色文化、团结精神融入其中，在达到强化大学生身体素质的基础之上，也可以促进学生的心理健康，达成德育目标；刘兵、王世友等人认为，高校体育教学具备传承传统文化的功能，能够将传统文化以生动的方式诠释和呈现；易鹏、田林、张耆、叶蓁等人认为，高校体育教学本身有思政教育的属性，能够帮助学生建立良好的行为习惯，并能够通过多元内容的提供，为学生的心理疏导提供必要支持与基础条件；肖志艳从高校的体育舞蹈教学出发，认为体育舞蹈的教学实践能有效强化学生的心理素质，并达到学生的形体锻炼目标；陈颖、赵琼从育人的视角出发，发现在高校体育教育实践中，始终坚持以育人为核心目标，通过对育人功能的深度挖掘，使传统的课堂空间被激活，学生的成长环境得到系统优化；胡芳认为，高校体育舞蹈教学实践能够培养学生顽强的意志品质和团队精神，并在长期的锻炼与实践的过程中，学习感知力能得到进一步的强化；任一春从评价功能的视角出发，通过高校的体育教育实践来进一步优化评价方案，将评价侧重放在多层面，最终为学生的成长空间提供了必要支持；李丽莹、田子彬、朱荣平从不同的视角来检验和肯定高校体育教学的相关功能，目的是通过研究让高校体育教育的受重视程度明显提升，为学生的身心健康提供坚实保障，最终给学生带来良好的学习体验，使学生感知体育课堂的独特魅力。

总的来说，体育教学的功能已经得到全面检验，包括德育功能、心理教育功能、体质强化功能等，在未来的研究中还需要不断地深度挖掘，最终使体育教学的价值生动呈现。

二、高校体育教学的功能体现

（一）为学校体育课程改革方案提供参考

我国体育课程最早出现于 1923 年，学校体育课程是体育教育的重要组成部分。体育课程是大学生学习体育技能最重要的渠道，对改善学生体质起到了重要的作用。经历多次改革进入 20 世纪 90 年代以后，我国体育课程逐步朝多元化方向发展。现如今，大部分高校都开设了体育选修课，学生可以根据自己的兴趣自主选择体育课程和体育教师，学生的学习热情得到了很大激发。目前关于体育选修课程的研究大致为影响学生参与体育课程的因素，课程对学生认知、行为、价值观等的影响。课程改革是一个随着社会发展不断完善的过程。大学生是知识经济时代的代表者，具有较高的知识水平和先进的思想观念。应进一步完善体育课程体制，为今后学校体育课程改革提出理论参考。

（二）提升大学生体育认知和文化素养

认知是指通过心理活动（如形成概念、知觉、判断或想象）获取知识，是个体认识客观世界的信息加工活动。体育认知就是人对体育活动产生的评价和心理、行为倾向。通俗来讲，体育认知就是人们对体育的看法。同时，体育认知也是一种心理上的行为，外部环境中获取的关于体育的信息通常通过人的内化转化为自我认知，从而上升为理性认知。理性认知与体育行为的产生有着紧密的联系。体育教学过程中应探究影响大学生体育基本常识认知、体育态度及体育价值认知的主要因素，并从学校体育课程的角度出发，给予合理性建议，为提升大学生体育认知提供参考。

学校体育特别是高校体育是我国体育文化传播的主渠道。众所周知，体育运动是一种极富激情和活力的活动，通过参与各项体育活动，人们可以从中获得人格、气质、修养等方面的熏陶。体育不仅仅是运动员的专利，它也应该成为一个人终身的文化素养，这对于提高人们的生活质量，实现健康而完美的人生具有至关重要的作用。体育文化素养是素质教育的重要内容，它的高低是由一个人的体育知识、体育技能以及体育意识、兴趣和习惯等因素决定的。大学生正处在人生观、世界观、价值观初步形成和完善的时期，一方面积累了一些社会生活经验，掌握了一些系统的科学知识，对自然、社会以及人生等形成了自己的看法，但另一方面也存在着知识和经验的局限性，对事物的看法往往不够准确和深刻，有时甚至十分片面，这时的教育对他们有着非常重要的帮助作用。而且，大学生热情奔放，对生活充满热情，渴求知识，接受能力强，正是学习体育知识、技能的良好时期，也是增进体育意识、培养体育兴趣和习惯的良好时期。因此，高校体育教学不但要注重体育技能的传授，更要重视体育文化的传承，在教育教学过程中要充分发挥体育文化和环境的潜移默化作用。

（三）促进大学生体育行为

体育行为是人类有目的、有意识地利用各种手段和方法，为满足某种体育需要而进行的活动。它是一个比较宽泛的概念，即凡是与体育有联系的行为活动，都可以称之为体育行为。体育行为既包括运动行为，又包括体育的组织、宣传、科研、教学、消费、管理等方面的行为活动。实践主体的内在生理、心理条件，以及外界环境包括自然地理环境、社会历史环境都会影响和制约体育行为的产生和发展，使体育行为表现出多方面、多层次的特征。

习近平总书记强调："体育承载着国家强盛、民族振兴的梦想。"大学生体质下降是我国关注的重点问题。现有大量的学者对大学生体育行为进行调查分析，包括体育锻炼、体育消费、体育参与度、影响因素等，解决措施包含个人因素、学校因素、社会因素等。大学生体质健康是普通高校体育工作的最终落脚点，也是反映学校体育工作成功与否的重要指标。学校体育的不断发展，对学生体质的促进具有不可替代的作用。了解影响大学生体育锻炼的主要因素，从学校体育课程的角度出发，根据当代大学生的心理、生理需要，在课程的基础上完善教学制度，提出有针对性的建议，是促进大学生体育行为、提升大学生体质的重要途径之一。

（四）培育大学生社会适应能力

社会适应能力是指人为了在社会上更好地生存而进行心理上、生理上以及行为上的各种适应性的改变，与社会达到和谐状态的一种执行能力。相关研究证明，一个人每天除了睡觉以外，大约70%的时间要消耗在社会交往上。第一，大学生应该增进和谐的人际交流，并发扬合作精神与体育精神。第二，身体运动可能会提高与他人接触和交流的可能性。通过与人沟通，大学生就能减轻忧虑和痛苦，消除寂寞，改善社交能力。对于应用技术类人才来说，毕业后进入社会除了要有最基本的技术技能，还要学会与他人沟通，才能在社会中立足。体育教学在落实立德树人根本任务的过程中，要充分体现学生的主体性，正确发挥学生的主观能动性，在讲解示范后让学生随意结组合作练习，在练习中团结合作，加强生生之间的沟通。另外，教师应在教学结束时布置作业，让部分学生自行预习下节课的学习内容，下节课将学生分组，让完成作业的学生分别向本组其他学生传授预习的项目技能，从而提升他们的社会适应能力。

第四节　高校体育科学训练的要素

一、训练量

训练量是训练的主要组成部分，因为它是实现高水平技术、战术和身体素质的先决条件。训练量包含以下部分。

①训练时间或持续训练的时间。要想保证运动训练产生效果，需具有一定强度的练习。通常情况下，一次运动训练应至少保证20～30分钟。以肌肉耐力与力量训练为例，训练时间与训练中的重复次数成正比。对一般训练者来说，在阻力充足的条件下，使肌肉全力以赴地练习8～12次的重复量，可以在发展肌肉耐力的同时，使力量也得到一定程度的训练。当训练者有了进步后，每种抗阻力的训练应重复2～3组。人的身体不会因为一次的运动而变得更健康，不管是肌肉、体脂肪，还是神经反应、心肺功能等，都需要至少4～6周的持续运动才有可能改善。一般而言，运动后的24～48小时生理状况会比运动前还要差，只有经过一段时间的休息与恢复，身体才会开始适应运动后的生理变化，变得比运动前更好。因此在进行训练时，需要掌握训练的强度及恢复的时间。

②行进的总距离或抗阻训练的总重量（即训练负荷＝组数×重复次数×重量）。

③在规定时间内完成一项练习或技术动作的重复次数。

训练量可以简单理解为训练中完成活动的总量。训练量也可以被看作一次训练课或一个训练阶段完成训练的总量。训练总量必须是量化的指标，具有可监控性。

关于训练量的准确计算，根据体育项目不同，计算量也不同。在耐力运动项目（如跑步、自行车、皮划艇、越野滑雪及赛艇运动）中，确定训练量的单位是训练经过的距离；在举重或抗阻训练中，采用公斤或吨位制作为衡量训练量，这是因为仅考虑重复次数不能合理地评价运动员完成的训练任务。重复次数也可以用来推算运动中的训练量，如快速伸缩复合训练以及棒球、田径等运动中的投掷动作。几乎所有的运动都包含时间要素，但训练量的正确表达形式应该囊括时间和距离两个要素。

训练量的计算方法按照时间要素可以划分为以下两种：一种是相对训练量，指一次训练课或训练阶段中一组运动员或运动队训练时间的总数。相对训练量不适用于计算单个运动员的训练量，因为无法得知单位时间内某一位运动员的训练量。另一种能够更好地衡量单个运动员训练量的方法是绝对训练量，它是指运动员个体在单位时间内完成训练任务的总量。

二、训练强度

训练强度是运动员完成高质量训练的另一个要素。可米将训练强度定义为与功率输出（即能量消耗或单位时间做的功）、对抗力量或发展速度有关的训练要素。根据这个定义，运动员在单位时间内做的功越多，训练强度则越大。强度是神经肌肉的激活函数，训练强度越大（如更大的功率输出、更大的外部负荷），越能激活更多的神经肌肉。神经肌肉激活模式取决于以下四个因素：外部负荷、运动速度、疲劳程度及所选择的训练类型。另一个要考虑的因素是训练时的心理紧张程度。就训练的心理方面而言，哪怕是出现低水平的身体紧张，也会造成训练强度极大提高，从而导致注意力的分散和心理压力的产生。

训练强度的量化方式根据训练类型和运动项目而定。速度训练通常用米／秒、次／分或功率输出（瓦特）来进行量化评定。在抗阻训练中，训练强度一般以公斤为单位、克服重力每米举起的重量（千克／米）或功率输出（瓦特）来量化。在团队项目中，训练强度通常用平均心率、无氧阈心率或最大心率的百分比来进行量化评定。

年度训练计划的各个不同阶段应包括不同的训练强度，特别是在小周期阶段，可以采用多种方法来量化和确定训练强度。

高强度训练虽然能取得很大的进步，但产生的适应较不稳定。稳定性越低，越容易产生过度训练和运动成绩的稳定平台现象。相反，低强度的训练负荷会使进步缓慢且生理适应的刺激较小，但整个过程更稳定。训练计划应该系统地改变训练量及训练强度以达到最佳生理适应。

训练强度可划分为两种类型：绝对训练强度，是指完成训练所需的最大百分比；相对训练强度，是用来量化一节训练课或一个小周期（即7天）的训练强度，即训练期完成的训练量总和及绝对训练强度。

合理安排训练强度是运动训练中需要重点考虑的问题。有很多方式可以用来衡量训练强度，如心跳、耗氧（运动时身体使用或消耗多少能量）。例如，力量素质的训练强度，通常以不造成训练后隔夜的疲劳以及不适为主。通常情况下，训练强度会根据运动训练形式的变化而变化。例如，在以提高心肺功能为目的的训练中，训练者必须全力以赴，使训练心率提高到心率储备的60%~90%的水平。

运动训练的训练内容不同，其训练强度的具体指向也有所不同。例如，在肌肉力量与耐力训练中，强度指的是在某一特定练习中克服大量阻力的百分比。在确定力量训练的强度时，依据最大重复量（以下简称"RM"）是更为简便的方法，10RM就是能正确举起10次的最大重量。对一般训练者而言，8~12RM是提高肌肉力量与耐力最适宜的训练强度。

在传统的训练中，通常采取高训练量、低训练强度的原则。近年来，实际的训练情况与比赛结果证明，长期进行高训练量、低训练强度的训练，容易使运动员产生神经系统疲劳和肌肉疲劳，从而使训练效果下降。运动员在进行大量的低强度训练时，极易神经系统疲劳，无法发挥个人潜能。因此，运动训练要想取得好成绩，就必须抛弃高训练量、低训练强度的训练方式，而采用高强度负荷的训练方式。

三、训练密度

训练密度是单位时间内运动员接受训练课的频率。训练密度可表现出单位时间内训练与恢复的关系。因此训练密度越大，训练阶段间的恢复时间就越少。随着训练密度的提高，学生和教师必须保持训练与休息的平衡，从而避免引起过度疲劳。

量化多次训练课（如在一个训练日或小周期）所需的最佳时间量非常困难，因为许多因素会影响学生的恢复速度。在下一次训练课开始之前，本次训练课的训练强度和训练量对确定所需的恢复时间量起主要作用。训练课的负荷（即训练强度和训练量）越大，所需的恢复时间就越长。此外，学生的训练状况、实际年龄、使用的营养干预方法及恢复干预方法都会影响学生的恢复能力。在下一次训练开始之前，一般不需要从上一次中完全恢复，可通过提高训练密度，并在训练日或小周期中运用不同负荷的训练课来促进学生的恢复。

四、复杂性

复杂性指一项技能的完善程度及生物力学难度。在训练时，技术越复杂就越会增加训练强度。与掌握基本技能相比，学习一项复杂的技能可能需要更多的训练，尤其是当学生神经肌肉协调性差或在学习技能的过程中精力不完全集中时。让之前没有复杂技术训练经历的学生参加该项训练，可以迅速地分辨出哪些学生表现好，哪些学生表现差。因此，运动或技能越复杂，学生的个体差异与力学效率差别就越大。

即使以前已经学会了的复杂技术，也会使学生产生生理上的压力。鉴于此，体育教师在技术复杂性较高的训练或活动中应考虑到不同训练课带给学生的生理压力。

五、总体需求指数

训练量、训练强度、训练密度及复杂性都会影响训练的总需求。虽然这些要素相辅相成，但加强其中任何一种要素而其他要素不进行相应的调整，都可能增加学生的需求。比如，在发展高强度耐力时，如果想保持同样的训练强度，则应增加训练量；在增加训练量时，必须考虑怎样增加训练量才会影响训练强度以及训练强度必须减少多少。

训练计划和指导主要依赖训练量、训练强度和训练密度三者的合理安排。体育教师必须着重分析这些要素的变化曲线，尤其是训练量和训练强度，还应考虑到学生的适应反应、训练阶段以及比赛的时间安排（赛程表）。训练要素的科学搭配可以让学生在预计的时间内达到最佳的训练效果，并获得最佳竞技能力。

训练量是决定实施训练计划成功与否的一个关键要素。身体、技术与战术训练的整合要进行大量的工作，这些工作是刺激生理性适应、提高运动能力所必需的。体育教师必须针对学生的特点设置个性化的训练负荷，因为每一位学生对训练量、训练强度和训练密度的承受能力都不尽相同。

在学生的体育训练中，必须循序渐进地增加训练量、训练强度和训练密度。

高校体育教学与科学训练

如果这些要素急剧增加，可能导致过度训练。因此，教师必须遵循区别对待原则和循序渐进原则。

为了确定训练计划的有效性，体育教师一定要监测训练负荷和运动测试的结果。体育教师还要计算出训练课的密度或者战术和技术训练中要练习的技术的复杂性在训练负荷中所占的比例。在许多运动项目（如足球、英式橄榄球）中，监测心率是被人们普遍采用的有效方法，用监测到的心率来计算训练和比赛的强度。体育教师要对增加训练量和训练强度的因素进行监测，并将它们与休息及恢复有机协调起来。体育教师还应考虑促进身体恢复的方法和能量再生所需要的时间。

第二章　高校体育教学理念

随着我国素质教育的深入推进以及人们对体育教学认识的改变，原有的体育教学理念和模式已经无法适应现代社会高等教育的发展。因此，改变原有的体育教学理念已经成为高校体育教学必须解决的问题。只有树立适应社会发展要求的体育教学理念，才能使高校体育教学真正发挥价值。本章分为以人为本、健康第一、终身体育三部分。

第一节　以人为本

一、以人为本的内涵及本质

（一）以人为本的内涵

以人为本是指充分尊重人的个性需求以及满足人的基本诉求，其最终目标是促进人的全面发展。而以人为本的教育管理，就是要通过关心学生的利益发展，尊重学生的需求，发挥学生的积极主动性，使学生将个人目标与教育目标有机结合，达到教育的根本目的。

坚持以人为本开展教学工作，是关系到社会主义建设的重大方向问题，关系到我党执政能力的巩固，关系到新时代中国梦的实现。高校体育教学工作应做到与时俱进，坚持以科学发展观、习近平新时代中国特色社会主义思想为指导，以立德树人为教育的根本任务。坚持从学生的成长与成才的角度出发，以育人为核心，加强大学生思想政治教育，完善体育教育理念与教育方法，了解并尊重学生的成长发展趋势，因势利导。坚持从实际出发，使高校体育教学工作更贴近学生、贴近生活、贴近实际；帮助学生解决思想上、生活上和学习上遇到的困难，

发掘学生的潜质,引导学生关注自我纵向成长;注重学生的个性发展和人格塑造,最大限度地发挥学生的主观能动性。

(二)以人为本的本质

教育管理过程中遵循以人为本原则,是指一切行动以学生为出发点和落脚点,将学生的诉求和利益作为工作重心。这是一个准则、一个需求,也是一个目标。

以人为本,把人文主义精神作为核心本质,充分体现了马克思主义理论要求。马克思认为人是一种具有主观意识的自然存在物。以人为本的高校体育教学,就是通过关注人内在的本性、利益诉求,通过灵活多样的教学方式,提高学生对高校体育的接受程度,提高学生参与的意愿度。在此基础上,充分提高学生的创新性、自主性、综合能力和素质,实现学生成长和成才的目标。

二、以人为本思想的发展渊源

在人类文化发展史上,作为人类智慧结晶的以人为本思想源远流长,始终保持着旺盛的生命力和持久的影响力,并随着历史的发展不断衍变和丰富。特别是在中国文化发展进程中,以人为本思想始终占据着核心地位。

(一)历史上的以人为本思想

1.中国古代的民本思想

古汉语中"人"与"民"多通用,民本也即人本。中国古代的民本思想历经几千年积淀,在传统思想文化发展史上具有非常重要的地位。而且,民本思想在中国文化的传承过程中从未中断,这本身就是一个特殊现象。纵观中国古代的民本思想发展,商周是其发端阶段,春秋是其形成阶段,汉唐是其发展阶段,明清是其成熟阶段。作为古代政治调节的一种理论构想和一个含义丰富的价值体系,中国古代的民本思想不仅在历代思想家著述中有理论表达,而且成为历代贤明君王治国理政的基本遵循,并一直在中国古代政治发展中得到充分的实践体现。

①商周时期的民本思想。民本思想产生于商周时期。后世所传《尚书》中有"民可近,不可下。民唯邦本,本固邦宁"的提法,意思是对待人民大众只可亲近,不可认为他们卑下;人民是国家的根本,只有人民这个根本稳固了,才有国家安宁。虽然目前无法判断这一思想在《尚书》的原文中是否存在,但据可靠的先秦文献记载,民本思想在商周时代已见端倪是确切无疑的,即"民唯邦本,本

固邦宁"是中国民本思想最早的思想渊源。

②春秋时期的民本思想。春秋战国时期社会震荡，百家争鸣，推动了民本思想的发展。季梁认为，"夫民，神之主也。是以圣王先成民而后致力于神"，认为民重于神、人事重于敬神，体现了重民轻神、民主神从的思想。管子认为，"夫霸王之所始也，以人为本，本治则国固，本乱则国危""夫争天下者必先争人"。可见，他们都充分肯定"民"在社会历史中的作用和地位，为这一时期民本思想的发展奠定了良好基础。

③汉唐时期的民本思想。西汉之初的董仲舒提出"天之生民，非为王也；而天立王，以为民也"，王符提出"帝以天为制，天以民为心，民之所欲，天必从之"，都对以民为本思想做了进一步的阐发。特别是贾谊明确指出统治者应倡导仁义和德政，首要的是爱人和利人，其"民为政本"的思想认识更加充分。他在总结秦亡历史经验的基础上，特别强调"闻之于政也，民无不为本也。国以为本，君以为本，吏以为本"，而且"自古至于今，与民为仇者，有迟有速，而民必胜之"。基于民可以决定国家兴衰、君主安危，主张施政以民为本，爱民惠民，具有鲜明的现实针对性，大大充实和发展了先秦民本思想。

④明清时期的民本思想。明代著名政治家张居正明确主张民为国本，"窃闻致理之要，唯在于安民，安民之道，在察其疾苦而已"。在任朝廷内阁首辅的10年间，张居正还把他的民本思想付诸实践，提出了惩豪民、诛贪吏、一条鞭税制等重民惜民措施，减轻民众负担，关心民众疾苦，对缓和明代的社会矛盾起了一定作用。

2. 中国近代的人道主义

①晚清时期的人道思想。龚自珍继承和发展了明末清初经世致用的实学思想，在哲学层面推崇"自我"，以人的意志取代天的意志和命运的安排，彻底打破了天命观，具有强烈的反封建的性质，是中国近代人文主义思想的开端。他认为，"自我"是历史创造的主体，"我"不仅创造世界，也为世界确定法则。他把"众人"与"圣人"对立起来，否定传统的圣人创造历史的观点，否定皇权独尊，极大地打击了天命观，充分肯定了人民群众在历史发展中的主体作用。

②改良运动时期的人道思想。到改良运动时期，思想家们围绕着人道主义价值观提出了近代人道主义思想的基本问题。其中，康有为的博爱主义、谭嗣同个性解放与平等观念中的民主意识、严复的自由主义思想、梁启超的功利主义伦理学等，都是比较重要的思想贡献。

③辛亥革命时期的人道思想。进入辛亥革命时期，西方各种不同特征的社会主义思想传播到国内，并经由国内思想家们的吸收、阐发和宣扬，引起社会层面的思想激荡。马克思主义思想在这一时期被首次译介，与其他各种无政府主义的人道学说一并进入中国，并分别对国内的人道主义思想发展产生影响。邹容、朱执信、孙中山等一批革命派思想家开始直接使用"人道主义"这一概念表述自己的思想，在理论层面呈现出比改良派更为具体和广泛的认识，是人道主义思想发展新阶段开始的标志。

④新文化运动时期的人道思想。五四运动时期，人道主义的发展是与提倡宣传民主主义、社会主义相结合的，并成为当时文学革命的重要内容。如新文化运动领袖蔡元培融贯中西思想中的民主人道精神，提出了以自由、平等、博爱为核心的"兼容并包"的价值观，主张民主自由和个性解放发展。陈独秀在《新青年》创刊号上发表的《敬告青年》一文中倾力倡导人权和科学，主张人人都以自身为本位，享有平等、独立、自主的人格，操行、权利和信仰"唯有听命各自固有之智能，断无盲从隶属他人之理"。他认为中国要摆脱蒙昧时代，就必须奉行"科学与人权并重"，奋起直追。

（二）马克思主义的以人为本思想

1. 人是社会发展的主体

把人作为社会历史发展的主体，既是马克思主义以人为本思想的基本内涵，又是马克思主义历史观的基础。马克思认为，"主体是人，客体是自然""人是全部人类活动和全部人类关系的本质、基础""历史不过是追求着自己目的的人的活动而已"。人既是劳动的主体，也通过劳动生产自身，因而是社会历史发展的推动力。社会和社会历史都以人为中心，社会发展与人的发展高度统一。

（1）主体界定

马克思指出："社会不是由个人构成，而是表示这些个人彼此发生的那些联系和关系的总和。"与以往西方人本主义哲学把人看成抽象的、一成不变的、现成性的存在不同，马克思所称的"主体"，是处于"一定社会关系"中"从事实际活动"的"现实的人"，而不是孤立、抽象的"个体的人"。首先，"现实的人"是"从事实际活动的人"，也就是社会生活中具体的人。"毫无疑问，传统哲学无论对人的规定有何不同，都是将他和其他存在者一样视为现成的东西，无论是称他为主体、灵魂、自我，还是别的什么"。马克思说："我们的出发点是从事实际活动的人。"也正是通过"从事实际活动的人"，把抽象的、一成不变的、现成的人转变成现实的、变化的、生成的人，实现了关于人的本质问题的革命变革。其次，"现实的人"是处于"一定社会关系"中的人，就是社会关系中能动的或者说有主体性的人。人本身是社会关系的产物，也是创造一切社会关系的主体。因为没有一成不变的社会关系，人也不是抽象的固有物，即人在不同的社会关系中本质也有所不同，随着社会发展不断发生变化。最后，"现实的人"是处于"一定社会关系"中"从事实际活动的人"。马克思认为，社会关系"不是什么外部的东西……它们是个人自主活动的条件，而且是由这种自主活动创造出来的""这些物质关系不过是他们的物质的和个体的活动所借以实现的必然形式罢了"。社会关系与人的活动是相互依赖、互为前提和条件的关系，犹如硬币的两面，失去一方，另一方也就失去了存在的前提。"社会使他为别人工作，使别人也为他工作。"由于人的活动始终被包含在社会关系系统中，没有这些形式和社会关系，人的活动在任何时间、任何地点都是无法进行的。

（2）主体属性

马克思主义以人为本思想中"人"之所以为"本"，是由人的主体属性决定的，也就是人具有高于或者说优越于其他一切存在物的主体属性。一般而言，唯心主义哲学家大都把人的主体性归于认识活动中精神的主体性，如笛卡尔的"我思故我在"、康德的"人为自然立法"乃至黑格尔的"绝对精神"都认为人的主体能力、主体地位蕴含于人的精神之中。唯物主义哲学家大都把人的主体性归于实践活动中的主体性，如费尔巴哈的"人在地位上是第一的""人是实践的第一实体"，就看到了实践对人之为主体的作用，但依然没有真正揭示人作为改造世界的客观物质活动主体的主体性。

马克思认为，"人是唯一能够由于劳动而摆脱纯粹的动物状态的生物——他的正常状态是和他的意识相适应的而且是要由他自己创造出来的"。在对象性活动中，人与实践对象构成主客体关系才称为主体，并始终处于实践活动的主导地位，对客体起主导作用。人的主体性就是人在实践中表现出来的能动性、创造性和自主性。其中能动性是相对动物消极适应环境的被动性而言的，是人区别于动物、能够成为主体的根本特征，具体表现为活动的自觉性、目的性和选择性。创造性作为能动性的最高体现，是人之为主体的最本质的规定性。人缘于实践活动的创造性而成为主体，人类"通过实践创造对象世界，即改造无机界，证明了人是有意识的类存在物"。自主性是人之为主体的基本规定性，即人具有支配自己的权利和责任。对客体来说，自主性是主体的自主；对主体自身来说，自主性则是主体的自由。

（3）主体构成

社会发展需要创造者的创造。马克思之前的很多西方哲学家认为是少数英雄人物的精神孕育了人的主体性，由此提出少数英雄人物创造历史的英雄史观，将人民群众视作英雄人物实现个人意志的"惰性"物质或"被动的"材料。而马克思早在1845年与恩格斯合著的《神圣家族》中，就提出了人民群众是社会发展主体和历史创造者的思想。

在马克思看来，社会上的物质财富和精神财富都由人民群众创造，社会发展变革也由人民群众推动。他在1846年与恩格斯合著的《德意志意识形态》中指出，生存需要是人们创造历史的前提，"因此第一个历史活动就是生产满足这些需要的资料"，指明了劳动群众从事物质资料生产的重大意义。针对鲍威尔自我意识哲学污蔑"群众是革命剩下来的渣滓"，马克思的观点是"批判的批判什么都没有创造，工人才创造一切"，表明了对以工人为代表的人民群众在历史发展中重大作用的认识，本质上也是对"人类整体参与创造自己"的充分认可。

2. 人是社会发展的动力

经由人和人的活动视角考察人类社会历史发展，马克思充分认识到人在实践活动中的动力作用。从内部矛盾是决定事物发展根本动力的观点出发，社会历史发展的根本动力就是社会内部矛盾，即社会内含的生产力与生产关系、经济基础与上层建筑的矛盾。

这两对内部基本矛盾本身不以人的意志为转移，但又与人紧密关联、相互作用。这两对基本矛盾从形成到解决的全过程，都离不开人的实践活动。没有人作为主体能动地创造活动，生产关系不会自动改变，经济基础也不会自动使上层建筑发生变革，即如恩格斯指出的，"人们自己创造自己的历史"。

（1）人的需要推动生产力发展

生产力决定生产关系并最终决定社会发展，而人作为劳动者对生产力起决定性作用，人的客观需要是生产力发展的动力，也就是动力的动力。人的需要"总是必须通过某种专门的、使特殊的自然物质适合于特殊的人类需要的、有目的的生产活动创造出来"，这种需要的满足永远是人们进行各种活动的最终目的和内在动力，"现在和几千年前都是这样"。社会生产作为人改造自然以取得物质生活资料从而满足人的需要的活动，一方面形成生产力，另一方面形成生产关系。人的需要与人类的社会生产紧密联系，并通过社会生产产生和得以满足。正是基于客观需要，人们才进行生产活动，而且人的需要作为生产目的本身也是生产活动的内在要素。"已经得到满足的第一个需要本身、满足需要的活动和已经获得的为满足需要而用的工具又引起新的需要",体现出人超越对象、改造对象的能动性,表明人的需要也会随着社会生产力的发展而发展。需要激励人们的目标渴望和要求动机,使提高自身素质、发展科学技术、改进生产工具成为必然选择,从而使社会生产力水平不断得到提高。

（2）生产力决定人的需要发展

人作为自然界的一员,和动物一样也以原始的生物性本能需要作为自己的起点,如满足食欲和防卫本能等。但不同于动物低端的、自然的、直接建立在身体机能上的需要,人通过社会生产产生和满足自己的需要,通过生产劳动的需要满足方式使自身超越了动物。人的吃、喝等机能也为动物所固有,但"如果使这些机能脱离了人的其他活动,并使它们成为最后的和唯一的终极目的",也就无异于动物机能。人通过"积极地活动"取得一定的外界物来满足需要,而且只有当人具有了生产能力,才能真正将人与动物、人的需要与动物的需要区别开来。人的需要与生产相互促进、互为前提,离开人的需要就不存在生产,同理,离开生产也就不存在人的需要。人的需要的发展水平取决于生产的发展水平,而生产作为满足人的需要的手段也促使人产生新的需要。社会生产无限发展的可能性,也决定了人的需要无限发展的可能性。

（3）创造性生产将成为"第一需要"

"凡是有某种关系存在的地方,这种关系就都是为我而存在的。"人的天性就是以人为根本和中心,一切从生存发展的现实需要出发,推动历史向"为我而存在"的方向发展,"各个人的出发点总是他们自己"。人正是通过实践能动地变革和改造现实世界,不断生产创造新的物质和精神成果满足自身需要的。人首先要满足自身基本的物质需要,而生产扩大和生产力发展促进人的需要的丰富和发展,产生更高层次的精神需要,呈现"需求上升规律"。高层次需要为人类所独有,能够给人以基本方向和更愉悦的生命体验。马克思认为,在生产力发展的不同阶段,不同层次的需要对人的重要性也不一样。现实地看,物质需要是人的需要发展的前提和基础;但历史地看,精神需要对于人类的意义将愈加重要,特别是进入共产主义社会,物质需要充分实现后,创造性的生产活动即劳动将成为"第一的需要"。"生产劳动给每一个人提供全面发展和表现自己全部的即体力的和脑力的能力的机会",将既往的"奴役人"变成"解放人",从一种负担变成一种快乐。

三、以人为本体育教学理念的应用

（一）改变体育教育观念

以人为本强调人的发展，重视学生在体育教学中的地位。在新的体育教学实践中，贯彻以人为本体育教学理念，应重视教学模式、教学方法等的创新，改变"填鸭式"教学，通过多元教学方法的运用调动学生体育学习和参与的积极性，围绕学生兴趣爱好和体育需求开展教学，突出学生在教学中的主体地位。

（二）明确体育教学目标

在以人为本体育教学理念指导下，体育教学目标应该充分体现社会本位目标与学生本位目标的统一。具体来说，就是要将传统体育教学中单纯追求社会本位目标的模式打破，有机统一社会本位目标与学生本位目标。在教学中体现为以下两点。

①社会本位：要求重视学生未来走向社会的发展，将体育教学的价值主体确定为社会。也就是说，体育教学应该满足社会发展的需要，培养社会发展所需要的人才。

②学生本位：要求重视学生的个性化发展，在体育教学中以学生为价值主体。也就是说，在体育教学实践中，对学生个体的需要加以把握，以学生的兴趣、需要为出发点组织教学，促进学生自由、健康、全面发展。

（三）科学选择体育教学内容

以人为本体育教学理念要求在体育教学实践中围绕学生选择相应的体育教学内容，具体如下。

①以学生特点为依据选择教学内容。

②教学内容应具有娱乐性和趣味性，有利于提高学生的主动性和积极性。

③教学内容应具有创新性，能够满足学生求新的心理和需求，并促进学生创新意识的形成和创新能力的提高。

④选择实用的、与社会和生活联系密切的、可以使学生终身受益的体育教学内容。

⑤选择更方便普及的教学内容，便于学生在日常生活、学习、工作中练习。

（四）尊重学生，因材施教

在体育教学实践中，教学工作者（主要指教师）应当树立以学生为中心的教育理念，在遵循学生身心发展特点和规律的前提和基础上，开展体育教学。

以人为本要强调个性化的教学，在体育教学过程中，关注学生的个性差异和学习努力程度、学习进步程度等的区别；要尊重学生的个性特点，围绕不同的学生，有针对性地开展教学（内容、方法、模式等），注重因材施教。

（五）关注教师，改进教学

从广泛的意义上来讲，以人为本中的"人"包括体育教学活动的所有参与者，学生是教学的主体，教师也在体育教学活动中发挥着十分重要的作用，因此在关注和尊重学生的基础上，也应该关注和尊重教师，充分发挥教师的作用。

学校要在体育教学实践中，体现对教师的人文关怀，应做好以下工作。

①为教师营造宽松的工作环境，合理规定教师的工作量，进行科学考核，择优嘉奖。

②关注教师发展，对体育教师的管理不应该过分强调强制性，而应人性化。

③尊重和信任教师，不要制定过多的规则、制度来限制他们想象力、创造力和创新能力的发挥。

第二节　健康第一

一、健康第一理念的概念和优势

（一）健康第一理念的概念

1950年，针对体育教育的开展，毛泽东率先提出了"健康第一，学习第二"的体育教育指导思想。随着高考制度逐渐恢复，人们的学习热情空前高涨，再加上学校为了进一步提高升学率，导致体育教育一度被人们忽略，也阻碍了健康第一体育教育理念的落实。面对这一问题，1999年中共中央、国务院发布了《关于深化教育改革全面推进素质教育的决定》，该文件再次重申了健康第一体育教育理念的重要性，要求在当前的学校教育中，必须积极推动健康第一教育理念的落实，不断推动体育教育工作的开展，提升体育教育质量水平，从而让学生掌握一些基本的体育运动技能，保持健康的体魄，养成体育锻炼的好习惯。时至今日，健康第一体育教育理念依然不过时，尤其是素质教育的深入开展，赋予了健

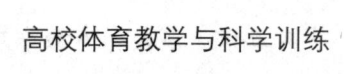

康第一教育理念更多新的内涵，不再局限于字面上的身体健康，更加关注学生的心理健康与社会适应能力，注重培养学生掌握更多的体育运动技能，引导学生真正参与到体育运动中，培养学生终身体育的意识等。当前健康第一体育教育理念主要包括4个关键内容，分别是运动参与、运动技能、身体健康、心理健康与社会适应。

（二）健康第一理念的优势

在体育教育中，健康第一教育理念有着非常多的优势，具体包括以下几点。

1. 明确了体育教育核心目标

健康第一直指我国开展体育教育的核心目标，即为了更好地维护学生的健康。身体是革命的本钱，无论是学习，还是革命，身体健康都是第一要素。健康第一的教育理念与当前教育功利性氛围形成了强烈的反差，更是对当前教育工作者的一种警醒。教育工作的开展，不应仅仅是为了升学率，也要注重维护学生的身心健康。让学生能够长久保持健康的体魄以及积极快乐地生活，这才是教育的终极目的。

2. 提升了体育教育质量

体育学科与其他学科最大的不同之处在于，该学科不局限于理论知识层面，而是更加注重体育技能的实践。但在传统的体育教育模式下，依然受理论学科教学的影响，没有将学生的健康放在第一位，而是更加关注学生通过体育学习掌握了多少种体育技能，能够取得何种成绩。这种体育教育理念显然是错误的。健康第一教育理念能够有效纠正体育教师这种错误的体育教育观念，更加关注学生的身体健康，让学生能够通过体育课程不断提高自身的身体素质，这对整体体育教育质量的提升有着非常重要的作用。

3. 激发了学生的体育学习兴趣

在传统的体育教育模式下，学生的主体地位无法得到充分彰显，多是跟随着教师的示范，反复模仿练习体育技术动作，难以感受到体育学习的乐趣。因此，很多学生认为体育学习是枯燥无趣的。虽然上述体育教学模式对学生的"身"能够起到一定的锻炼作用，但无法促进学生"心"的发展。而健康第一体育教育理念注重学生身心健康共同发展、共同进步，能够让学生达到真正意义上的健康。

二、健康第一体育教学理念的应用

（一）内容架构

在高校体育教育中，针对健康第一体育教育理念的实施，首先需要明确其基本的内容架构，具体包括以下四点。

1. 运动参与

该项体育教育理念内容，主要体现在学生参与体育学习和锻炼的态度及行为方面，要求学生能够积极主动地参与到体育学习过程中，最终能够形成积极的体育行为和乐观开朗的人生态度。

2. 运动技能

该项体育教育理念内容，主要体现在学生在实际进行体育学习的过程中，能够完成运动技术动作的能力，也彰显了在健康第一的教育理念下，体育教学注重以身体练习为主要手段的特点，更有利于提高学生的身体健康。同时健康第一体育教育理念下的运动技能，对高校学生体育学习也提出了更高要求，不仅要求学生能够掌握相应的体育运动技能，提高自身的身体素养，而且更加关注学生安全从事运动的能力以及体育运动意识的培养。

3. 身体健康

该内容是健康第一体育教育理念下最为基础的一项架构内容，主要体现为学生能够拥有良好的体能，且身体机能正常、精力充沛。这项内容注重通过加强体育锻炼，促进学生身体机能全面发展，促使学生环境适应能力得到有效增强。在此基础上，学生还能够主动关注自身健康，认识到营养、行为习惯和疾病预防对身体发育和健康的影响，能够自觉抵制各种危害健康的不良行为，最终形成健康生活方式。

4. 心理健康与社会适应

该项体育教育理念内容，主要体现为学生是否具有健全的人格以及能否与社会和谐相处。在实际开展体育教育工作的过程中，要注重培养学生的自信心、坚强的意志品质、良好的体育道德等，同时引导学生掌握一些调节心理情绪、与人交往的方法，形成坚韧不拔的意志品质。

（二）实施要点

1. 明确体育教学任务

现代体育教学应促进学生的健康、全面发展。具体来说，在体育教学实践过程中，各项体育教学活动的开展应建立在多维健康观的基础上，重视学生的身体、心理、智力、社会适应能力等多方面的发展，通过体育教育教学培养健康的符合社会和时代发展需求的高素质优秀人才和社会主义接班人。

2. 落实体育健康教育标准

①调整体育教学内容，普及科学的锻炼知识，真正实现增强学生健康的目的。

②依据新的国家学生体质健康测试标准，制定具有区域特点的、符合学生差异的学生健康考核标准。

③允许学生根据自己的爱好和特点自由选择体育项目，使他们真正参与到体育教学中。

3. 创设趣味体育教学内容

在健康第一体育教育理念的指导下，针对高校体育教育的开展，必须积极转变以往的体育教育观念，注重彰显学生的体育课堂主体地位，引导学生真正参与到体育运动中，达到"运动参与"教学目标。例如，在实际开展体育教学时，为了有效锻炼学生的体能，在引导学生进行下肢力量训练时，教师应先进行简单的示范，引导学生尝试练习左右脚绕小圆垫单脚交替跳。在学生逐渐熟悉了动作要领后，为了避免引起学生的烦躁情绪，教师应引导学生积极主动地进行后续的体育运动训练。教师可以引入"串门趣味体育小游戏"，通过引导学生以"家"为出发点，采用单脚跳与双脚跳的方式，先跨过其他人的"家"，通过反复跳跃练习后，再跳回自己的"家"。采用趣味游戏体能训练的方式，既能够有效训练学生的体能，又能够消解体育运动练习的枯燥性，激发学生的体育学习兴趣，进而积极参与到体育运动学习中。

4. 加强体育运动技能教学创新

针对健康第一体育教育理念在高校体育教育中的实施，还应注重引导学生熟练掌握及运用相关的体育运动技能。为了进一步提高学生体育运动技能学习的效果，教师可以加强高校体育运动技能教学模式创新，如可以在高校体育教育中引入"运动教育模式"。该教育模式与传统体育教育模式相比，更加注重学生体育运动技能的实践培养，主张凸显体育运动教学内容的趣味性，一方面注重吸引学生主动参与，另一方面注重学生能够通过运动竞技的方式真正参与到体育运动技能训练中，因此更有利于学生体育运动技能的掌握。在具体实践方面，教师应做到以下几点。

第一，体育教师应提高对课堂常规构建的重视。课堂常规内容要求教师先了解高校学生所在班级的基本情况，如男女性别比例、对体育学习兴趣的个体差异、是否有特殊学生等。在此基础上，还应向学生介绍运动教育模式的特点，端正学生的学习行为态度，共同营造适合运动教学的氛围。

第二，科学合理地分组。这是开展运动教育模式的关键，其原因在于，在运动教育模式下，需要教师开展体育竞赛活动，以便锻炼学生的运动技能。体育教师需要提前做好分组工作。在具体实践方面，教师可采用异质分组的方式，根据学生的体育能力、性别、性格差异等合理分组，分组后允许学生在以均衡分组为原则的基础上，进行适当的调整，为后续的运动竞赛做好充足的准备。

第三，合理控制竞赛激烈程度。在运动教育模式下，设置了"赛季""竞赛"机制，目的是激发学生的运动动力，为学生提供一个真实的运动实践情境，有效培养学生的运动技能。但这也很容易导致学生出现运动损伤，因此高校体育教师应根据学生的身体状况、心理特点、运动水平等，合理控制竞赛激烈程度，以免学生在竞赛中受到伤害。

5. 注重加强体育心理健康教育

在健康第一体育教育理念下，针对高校体育教学，还应注重从德育层面出发，加强高校学生心理健康教育工作，真正实现高校学生身心健康共同发展。比如，在实际开展足球、篮球等团体性体育运动教学的过程中，教师除了注重运动技巧的教学，还应开展一些比赛活动，让学生在比赛竞技中快速成长，培养高校学生坚韧不拔的品质，培养学生集体意识、团队合作精神以及"舍小家为大家"的无私奉献精神等。此外，高校教师也可以引导学生开展一些户外运动项目，如登山、越野跑等，从而有效培养高校学生的团队意识、战略意识以及领导能力等。

除此之外，针对高校体育教学的开展，教师还应提高对体育文化教育的重视，如利用新媒体力量，为高校学生播放一些体育纪录片，让高校学生通过动态的视频，感受到我国体育运动健儿在为国争光的背后，所付出的超出常人的辛苦与努力，从而让高校学生认识体育文化，理解体育文化背后的思想道德观念，以在潜移默化中落实体育德育教育，成功塑造高校学生健康的心理。

第三节　终身体育

一、终身体育概述

（一）终身体育的概念

自 20 世纪 90 年代以来，随着体育教学的改革和发展，终身体育理念逐渐为人们所知。对人类来说，健康的生活方式之一为终身进行身体锻炼，接受正确的体育教育。对终身体育的含义进行解读时，需从两个层面加以展开：其一，一个人从诞生之日起直至生命结束，均应不断学习并参加身体锻炼，并将之作为终身的明确目的，最终使体育锻炼与学习成为一生之中不可或缺的重要内容；其二，在终身体育思想的指导下，与体育相关的内容应该在社会层面形成完整的体系，以便帮助所有人在人生不同的时期、不同的生活领域均能找到适当参加体育活动的机会。

终身体育理念的提出，得到了许多国家体育学者的赞同，并逐渐形成一种新的体育思想。从理论依据方面来说，可从两个层面进行理解：其一，人的一生需要体育锻炼伴随终身。每个人都需要经受生老病死的过程，没有任何人能够例外。普遍存在的现象是，每个人都会经历生长发育期、生理机能成熟期以及衰退期。尽管上述发展过程不可逆，但适当、长期、科学、正确地参与体育锻炼，能够强身健体，使机体在较长时间内处于健康的状态，在人生各个时期都会展现出积极的效果。具体而言，在生长发育时期，通过体育锻炼，可促进身体的正常生长、发育；进入生理机能成熟期后，保证一定强度的日常锻炼，可帮助人们保持旺盛的精力和充沛的体力，进而干劲十足，同时有助于提高生活和工作质量；随着年龄的增长，当人们的身体进入衰退期后，通过适当参与体育锻炼，能够有效延缓衰退，达到延年益寿、安享晚年的目的。总之，在不同的人生阶段，人们参与体育锻炼的目的和参与的具体项目尽管会出现差异，且不同个体之间也会在选择方面出现不同，但长期坚持正确的锻炼方式确实存在好处。其二，终身体育是现代社会发展的切实需要。一方面，生产生活方式发展到现代已经发生了翻天覆地式的变化，诸如糖尿病、心脑血管疾病等"富贵病"日渐年轻化的原因便在于，很多人的生产方式从体力劳动转变为脑力劳动，因长期久坐且缺乏锻炼，加之熬夜、摄入较多碳酸饮料等因素，导致肥胖人数激增，提高了多种疾病并发的概率。生产方式与社会生产力的主要形式息息相关，指望人们一夜之间重新回到体力劳动年代是一种不切实际的幻想。故为了解决上述问题，人们必须具有锻炼的理念，只有正确认识到终身体育理念并自愿参与体育锻炼，才能强身健体、预防疾病。另一方面，作为现代社会必不可少的一部分，体育的商业价值正在被逐步深挖。终身体育理念一经提出，得益于其健康、积极的特点，迅速与社会主流舆论价值相结合，有助于在社会中创造更多的就业岗位。由此可见，终身体育已经不仅是一种教育层面的指导思想，而且在社会的方方面面均会产生积极影响，故人们必须提升对终身体育的重视程度。

（二）终身体育的特点

1. 终身性

终身体育，顾名思义，即个体应当保持体育锻炼的兴趣和习惯，将体育锻炼作为人生的一部分，这样才能真正让体育融入生活，在体育锻炼过程中实现个人的新发展。与传统的体育教学理念不同，终身体育理念下的体育锻炼不受形式及时间的限制，依靠个人兴趣主动进行体育锻炼。

2. 多重性

多重性指的是终身体育具有多维化的目标和形式，强调体育的多样性和个性化。受经济、文化、地域等多种因素的影响，国民的身体素质、体育观念、体育习惯存在多种差异，因此，终身体育应具备多重性特点，以满足不同群体的体育需求。

3. 民主性

民主性指的是终身体育是国民体育，与其相关的各项制度、法规、措施都应符合国民的客观需求和国民经济的发展趋势，能够体现广泛的民主性以及激发国民强烈的参与意识。同时，民主性还体现在终身体育应以自愿自觉为基础，人人都享有自由、平等的体育活动机会和体育场地、设施使用权利。

4. 整体性

整体性指的是以体育运动场馆和健身设施为物质基础，各体育部门机构紧密合作，构成一个有机整体。将终身体育视为一个大系统，则学前体育、学校体育、学校后体育为三个子系统，任何一个子系统的变化都会对大系统产生影响。为最大化发挥终身体育大系统的整体性功能，应遵循"突出学校体育、分散社会体育、带动幼儿体育、加强家庭体育"的基本性原则，对各分项系统进行优化组合。

5. 多元化

终身体育理念宣传过程中号召个体锻炼不受体育形式和标准的限制，可以根据个人兴趣及自身身体特点，选择更为匹配的体育锻炼内容。这样一来，不同个体可以在同一时间根据自己的兴趣爱好进行体育锻炼，满足了个体练习的团体性要求和自主特色锻炼要求。另外，于个人在不同阶段的成长变化而言，可以根据自身兴趣选择自身年龄段所匹配的体育锻炼来强身健体，这样可以在保障个体锻炼活力的同时，提高个体心理素质，更有利于实现终身体育锻炼目标。

6. 开放性

开放性指的是终身体育理念逐渐被更多的人所接受，体育逐渐渗透到生活、学习、工作等各个领域，成为现代生活方式的重要构成元素。同时，人们逐渐将终身体育理念政策化、措施化，通过具体的实践措施，使体育的德育、智育、文化、经济等多元化功能在各个行业领域凸显。

7. 目的性

终身体育的发展目标非常明确，就是通过引导群众保持定期的锻炼来增强自身身体素质，并且根据个人的发展目标，有计划地调整体育锻炼项目，继而提升个人的体育水平，改善个人的生活品质。

8. 全民性

终身体育并不是一个人的运动或者少数人的运动，而是通过广泛宣传，号召全体群众参与。除了开展大体量的运动之外，也应根据个人的身体素质和运动水平，适当开展基础运动，并随着运动素质的不断提高，逐步引入更大体量的运动。终身体育理念和全民健身运动之间存在着极为密切的联系，是推动大众教育不断发展的重要理论支撑。

（三）终身教育与终身体育的关系

终身教育理念对终身体育理念的诞生和发展起到促进作用。教育的使命是按照国家和社会的发展要求，使学生不管在身体方面还是在心理方面都协调发展。终身教育的引入使人们重新审视自己的学习行为，并在未来的生活中树立了一生不断学习的观念。居里夫人提出"强健的身体是研究科学的根基"，强调了教育与体育之间的联系。人们常说要"活到老，学到老"，那么在日常生活中何不"活到老，锻炼到老"呢？只有强健的身体才能支撑人们参与学习和锻炼。体育已成为教育过程中不可缺失的一部分。

终身教育与终身体育之间有着紧密的关系。①无论是终身教育还是终身体育，强调的都是人们一生应该不断接受教育和学习。②终身教育和终身体育都是以人们不断完善自身，提高自身生命质量为最终目标。③终身教育包括各种形式，既有校内教育又有校外教育，既有婴幼儿教育又有中老年教育。终身体育也有多种体育锻炼方式来终身从事。

（四）高校体育教学与终身体育理念的关系

高校体育教学是学校体育的重要组成部分。大学既是中小学体育成果的强化阶段，也是学生体育行为中断的敏感时期。终身体育是以促进个体发展为中心，贯穿个体整个生命历程的体育行为。高校体育教学对践行终身体育理念具有基础性、导向性作用，终身体育理念则对高校体育教学的价值与作用予以延伸。总体来看，二者共同为促进个体发展服务。

1. 高校体育教学是践行终身体育理念的基础

终身体育以培养终身体育意识和终身体育能力为基本目标，从而帮助人们养成科学、规律的锻炼习惯，为人的成长发展强基固本；而高校体育教学则是践行终身体育理念的重要基础。如果说中小学体育教学以"强身健体"为基本遵循，那么高校体育教学则是学生真正意义上接受体育综合教育的起点。

一方面，高校体育教学强调知识与能力的结合。无论是球类、操类还是舞蹈类体育课程，教师在教学过程中都会系统阐述运动知识，并结合动作示范与要领讲解来帮助学生内化体育知识、提升运动技能。

另一方面，高校体育教学突出效率与科学的协调。合理的运动负荷是保证体育教学达成既定目标的重要条件。高校在体育教学实践中，需根据课程实际制订运动强度与练习密度计划，而且应注重通过综合运用多种体能练习来丰富体能训练手段、联通体育知识与技能体系，以保证学生在科学规范的运动负荷下达到最佳学习状态。因此，高校体育教学对知识与技能、科学与效率的全面兼顾，为学生形成终身体育理念和习惯打下良好基础。

此外，现阶段的高校体育课程教学基本采用学生自主决定学习内容、授课教师以及学习时间的"三自主"模式，除教学资源配置、学生集体偏好等个别因素导致体育选课困难以外，学生大多出于个人兴趣爱好而选择体育学习内容，这有利于学生以更积极的态度和更饱满的热情投入体育学习，也对学生尽快掌握运动技能、取得良好运动成绩具有积极作用。从长远来看，学生在体育学习中的积极体验为其感受运动魅力、体悟锻炼价值以及实现自我效能奠定坚实基础，这对学生养成终身体育的意识和习惯无疑具有积极作用。

2. 终身体育理念使高校体育教学的作用与价值有效延伸

在高等教育深化改革背景下，高校体育教学在帮助学生增长知识、增强体质、塑造品格等方面发挥重要作用，其角色与价值也日趋多元化、立体化。随着高等教育的价值回归，对人的关注再次成为教育教学活动的中心与重点。如何使学生在有限的校园教育中获得持续成长的能力，也成为高校及教师共同面临的重要课题。从学生发展角度来看，高校体育教学对广大学生具有最基本的引导性和约束性。

高校体育教学周期长、学分比重大，学生对其课程地位的认可度较高，加之高校体育属于必修课程，学生除身体因素以外不分专业、性别，需统一完成必修要求。在此背景下，学生无论是否完全出于个人意愿，都会在学校体育教学安排下完成一定的学习任务。然而学生毕业离校以后，求职就业、发展深造、成家立业等压力日益增大，加之脱离校园体育学习的环境和约束，能保持运动习惯的学生少之又少。终身体育理念是基于个体身心健康、终身受益的角度提出的体育锻炼理念，从内在角度阐释了健康第一与体育锻炼之间的必然联系，这也决定了终身体育理念能在社会高速发展之下被人们广泛认可和接受。终身体育理念不仅激发了人们对身心健康的内在需求，而且唤醒了人们认识运动、参与运动、养成规律运动习惯的记忆与追求。所以，终身体育理念使高校体育教学不再止于校园，而是引导学生将从体育教学中获得的知识、理念、技能进一步应用于日后成长发展之中，使高校体育教学的作用与价值有效延伸。

3. 高校体育教学与终身体育理念共同服务于个体发展

从价值角度来看，高校体育教学与终身体育理念都是以个体为中心，为促进个体长远发展而服务，二者追求的目标具有高度一致性。高校体育教学是学校体育的重要一环，是在中小学体育教育成就的基础上，帮助学生进一步内化知识、提升能力的过程。可以说，大学是多数学生接受体育教育的最后阶段，高校体育教学既是对既往学校体育教学的有序拔高，也是对学校体育教育生涯的整体总结。

终身体育是个体生命由开始到结束，持续学习和参与体育锻炼的完整过程，也是个体在体系化、整体化体育目标下，在不同人生阶段和生活领域获得参加体育活动机会的实践过程。从先后顺序来看，高校体育教学作为学校体育的末端环节，远达不到终身体育理念对个体整个生命周期的体育锻炼要求。从实践角度来看，终身体育理念往往在社会生活中更易被人们理解和接受，因而终身体育理念更倾向于学校体育的延伸与发展。

实际上，无论是高校体育教学还是终身体育理念，都是基于体育锻炼的重要性和必要性，从个体长期发展维度提出的体育实践要求。个体成长成才、融入社会需以良好的身心素质为前提，个体追求理想、提高生活品质也需以身心健康为基础，所以创新高校体育教学、践行终身体育理念，目的在于使体育锻炼思想贯穿个体成长发展的全过程，从而在意识层面为个体提供持续强化、高效互补的体育锻炼动力。

二、终身体育理念对高校体育教学的重要性

（一）有助于培养更多体育人才

无论是对学生还是其他人来说，身体健康都是发展的根本与基础条件。而高校作为不断向国家和社会输送及培养人才的主要阵地，培养高质量人才的使命十分艰巨。所谓高质量人才，指的是具备夯实的专业理论知识与实践能力，同时具备健康体魄与顽强意志等优秀品质的人才。其中，具备健康体魄与顽强意志等优秀品质最为重要，若想实现该目标，需要学校在体育教学中不断融入终身体育理念，使体育精神渗透大学生生活的各个方面，培养其终身体育意识。一方面，强化校园体育文化构建，深化学生体育精神方面的熏陶和感染。另一方面，重视实践教学，使学生切实参加到体育教育活动中，体验体育运动的特殊魅力，从而更加积极主动地参与集体性体育运动，强化团队合作能力以及集体荣誉感。身体健康是个体发展的根基，即便个体具有深厚的知识储备，亦要具备强健的体魄作为支撑，从而以更好的自己为社会和国家服务，最大限度实现个体人生与社会价值。

（二）有助于生成特色体育理论

中国特色社会主义理论的生成是持续探究、持续优化以及持续自省的实践过程。自中华人民共和国成立开始到改革开放之后，中国始终在探究适宜中国国情的社会主义发展之路，并在实践过程中不断推敲和验证，建成了相对完善的社会主义理论体系。而随着国家不断发展和进步，教育体制改革伴随主体制度变革的持续更新和深化，高校体育教学相关制度的创新改革亦在持续发展。

实践证明，终身体育理念是契合中国特色社会主义不断发展的主流态势，其从以往的体育知识讲解向体育观念、体育思想意识传播方向转变，深层次地融合了高校体育教学与社会体育教学，从根本上体现了体育教学需要落实的核心目标，即培养大学生终身体育意识，促进高校体育教学改革。

三、终身体育理念与大学生终身体育意识的培养

（一）终身体育理念下高校体育教学的优化

1.融入终身体育思想

终身体育思想是我国全民健身计划的重要指导思想。高校体育教学作为全民健身计划中的重要环节，必然要以终身体育教育思想为核心，对现有体育教学的内容和模式进行改革，实现学生体育技能和体育意识的双重培养，为学生树立终身体育意识奠定坚实基础。

从体育教学内容改革的层面看，在终身体育教育思想指导下，高校体育教学内容应更加生活化。结合终身体育的内涵与特征，高校体育教师应认识到，普通高校体育教学的目标并不是培养具有较高体育竞技能力的专业运动员，而是激发学生对体育运动的热爱，使学生学会利用体育锻炼的方式，保持自身的身心健康水平，提升学习和工作效率。因此，高校体育教师可以通过以下两个措施，将终身体育思想融入教学内容改革工作。

一是从学生的体育锻炼需求出发，增加学生感兴趣的体育教学内容。例如，针对女生的体育运动兴趣爱好和身体特征，可以增加瑜伽、形体训练、搏击操等教学内容；针对男生的体育运动兴趣爱好和身体特征，可以增加健身、搏击、跑酷等教学内容。引入不同群体学生喜爱的现代体育项目，不仅能够丰富高校体育教学的多样性，提升体育学科整体教学水平，而且能够在一定程度上起到激发学生体育锻炼兴趣的作用，使学生自主进行体育锻炼，帮助学生逐渐树立终身体育意识。

二是强化高校体育教学内容与社会体育间的联系。学校和教师应定期深入社会，充分了解当地社会体育的发展状况，如体育场地和设施情况、民间最流行的体育运动项目、当地特色体育娱乐项目等，结合收集到的社会体育信息，有针对性地增加特色教学内容。这样既能够确保学生步入社会后，在校学习的体育知识和技能有可用空间，又能够帮助学生顺利完成学校体育向社会体育的过渡，为终身体育意识的形成奠定良好基础。

从体育教学模式改革的层面看，基于终身体育思想的指导，高校体育教师应以终身体育思想和学生体育兴趣为核心，针对不同教学内容制定特色化教学模式，通过创设和谐、民主的教学氛围，在最大化调动大学生体育锻炼积极性的同时，实现知识技能教育和意识习惯培养双重体育教学目标。例如，可以用分层教学模式代替传统的统一化教学模式，通过性别、身体素质、兴趣爱好、特点专长等因素，将具备相同体育运动条件或需求的学生进行系统划分，再根据具体教学内容的特点，采用科学的方法进行授课。上述教学模式的创新，不仅能够最大化利用教学资源，而且能够使每位学生清晰地感受到个人的成长，从而对自身体育锻炼前景产生良好的自信心，逐渐培养良好的长期锻炼习惯和终身体育意识。

2. 优化体育教学模式

高校体育教师在教学过程中应当充分发挥自身的专业优势，结合所教授体育课程的特点对学生进行针对性教学，以增强学生身体素质、提高学生身体承受能力为目标，有计划地调整教学方案，这样才能提升学生的综合素质。高校体育教师在教学过程中必须正确认识学生的实际情况，结合学生的身体素质以及体育练习技巧来优化教学模式，并编制相应的教学大纲。高校体育教师应当在教学大纲的指导下对学生进行全面教学，坚持逐步引导的原则，引导学生在长期巩固练习过程中掌握体育锻炼技巧，这样能够使学生的体育锻炼热情明显高涨，体育锻炼技巧掌握程度有所提升，体育锻炼过程中出现问题的概率明显降低，自身综合素质也会随之提高。在编制教学大纲的过程中，高校体育教师必须重视对终身体育理念等新教学理念的落实，结合国际上的先进理论以及所教授学生群体的身体素质和体育素养等进行综合准备，这样才能推动高校体育教学大纲不断完善。

3. 完善教学评价体系

高校体育教师在教学过程中应当逐步调整教学评价模式，结合学生特点以及素质教育要求来调整教学评价方案，这样才能避免单一体育考核成绩对学生造成影响。在日常教学过程中，教师应当根据学生的课堂表现进行综合打分。教师

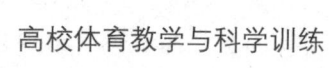

还可以结合小组评价模式等新型教学模式,引导学生自由组队,通过组队练习教师所教授的体育技巧。教师以学生的团队合作表现为评价标准来给学生打分,并引导学生完成组内打分,可有效提高教学评价的客观性。同时,教师在教学评价过程中应当逐步摒弃一把尺的教学模式,在保障评价公平的基础上,根据学生的体育档案,结合学生的体育学习素养、身心情况以及体质变化等为学生综合赋分,必要时还应当给予学生以额外加分,这样才能实现对学生的综合评价。

4. 重视高校体育教师团队建设

高素质的教师团队可以对学生体育学习进行更全面的指导,同时以更加妥帖的方式向学生传述终身教育理念,帮助学生养成终身体育的好习惯。这就需要高校在发展过程中,有计划地改进高校体育教师培养方案。一方面,高校要重视体育教学评价体系建设,应用合理的教学评价方法来引导高校体育教师,明确体育教学目的和课程教学重点,提升体育教学严谨性。另一方面,高校也应当有计划地对外引进优秀体育教师,并对内部已有体育教师进行终身体育理念宣传,使高校体育教师正确认识终身体育理念和自身教学之间的联系,并有计划地改进教学方案,将终身体育理念融入体育教学,依托高水平的体育教学向学生宣传终身体育理念,并通过与学生开展定期和不定期的沟通来激发学生的体育学习兴趣,提高学生的锻炼意识。

5. 稳抓体育基础设施建设

好的体育环境可以改善学生对体育活动的认知,吸引学生主动到体育活动场所进行体育锻炼。为此,高校在发展过程中应当有计划地加强体育基础设施方面的投入,根据学生的体育学习课程来建设对应的体育设施,并且严格落实现代化体育教学观念,及时采购系列体育教学器材,为学生开展体育锻炼提供充足的器材,并将对应的防护设施落实到位,保障学生体育锻炼安全性。

(二)影响学生终身体育意识形成的因素

1. 学生的生理与心理特点

大学生还处于身心发育的阶段,并且男生与女生之间也有着明显的差异。根据过去高校体育教学的实际情况来看,女生对参与体育活动的兴趣远远落后于男生。这其中很大一部分原因是女生存在顾虑,一方面是身体性征特点的约束性,另一方面则是心理上害怕动作不标准被别的同学笑话。

2. 体育教师

体育教师在体育教学中起着十分重要的作用，而教师的年龄、性别、教学特点以及素质能力都会对学生形成终身体育意识产生一定的影响，也会决定体育教学的效果。在教学中，教师应采取参与其中的教学方式，让学生可以从心理上提高对体育锻炼的重视。并且教师所具有的良好的个人魅力和较丰富的专业知识能够影响学生，使学生逐渐养成锻炼的习惯。

3. 体育教学环节

过去无论是教师还是学生都不太重视体育教学，所以就造成了体育教学效率低下。具体体现为教学环节单一，大多数教师缺少创新意识，体育课程内容没有新意。这样就导致学生逐渐失去参与体育运动的兴趣，不利于培养学生的终身体育意识。

4. 体育目标

（1）运动参与目标

运动参与目标要求学生在学校体育中，积极主动地参与学校组织的一切正常体育教学、课余体育训练与竞赛，有的高校甚至对这些体育活动实行查考勤、加学分的制度，更好地激励学生参与进来。学生积极参与学校组织的运动或者自发地进行体育锻炼，都是良好体育态度的表现，对学生体育锻炼行为习惯的形成具有重要意义。不论是体育教学还是课余体育训练、竞赛，都对学生终身体育意识的培养有促进作用。

（2）运动技能目标

运动技能目标的实现主要体现在体育教学上，体育课的目的不单单是锻炼学生的身体，更多的是传授学生 1~2 个运动项目，使学生掌握运动项目的基本技能，能够在今后的生活中、学习中受益。体育是人类离不开的文化活动，运动技能的提高可以让人更有信心和兴趣长期坚持这一运动项目，促进终身体育的意识逐步形成。

（3）身体健康目标

作为学校体育目标的重要一点，身体健康目标至关重要。经常参加体育锻炼，可以改善身体机能，提升抵抗力。生命在于运动，没有健康的体魄，谈何学习？大学生只有拥有健康的身体，才能扛起国家民族的大梁。达成身体健康目标是培养大学生终身体育意识的重要一环。

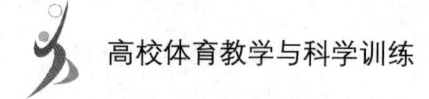

（4）心理健康目标

体育锻炼要讲科学，避免不合理的运动给学生带来身体及心理上的伤害，否则就失去了体育的本质意义。学校体育教学方法通常以游戏的形式激发学生主动学习，游戏可以在体育练习中使学生的心情得到陶冶；同时，高校校园体育文化建设、校运会体育竞赛也可以使学生心理健康得到提高。

（5）社会适应目标

社会适应是大学生必备的人格品质，体育无男女、国界之分，通过体育活动，大学生可以结交更多良师益友，缩短与同学或陌生人之间的距离。高校社团组织的一些体育文化活动可以提高学生的群体意识、协作能力，这对毕业后学生的社会适应有很大的帮助。体育同时也教会学生合作竞争，培养克服困难、战胜自己的能力。

（三）大学生终身体育意识的培养策略

新时代"体教融合"注重学校教育改革，完善教育制度，实现全面素质教育；以学生为主体，重视学生兴趣、人格、意志的培养；开展体育竞赛，完善体育竞赛评价制度，使学生积极参与其中，加强学生的主观能动性；提高体育学习评价的全面性，客观评价学生学习成果，树立健康第一的教育理念，培养德智体美劳全面发展的人，使之成为我国建设体育强国的重要基石。

1. 深化终身体育认知

校园作为体育教育的前沿阵地，要充分了解教育导向作用。随着"体教融合"如火如荼地进行，体育、教育、文化、思想都在向着多元化方向发展，并将贯彻到校园教育中。而学校教育的改革有利于深化终身体育认知。对此，相关学校教育部门不仅应对学生开展有关教育，而且可以通过家庭沟通的方式促进学生终身体育思想的认知。因此，未来校园教育关于体育活动的展开可以倾向于家庭参与模式，并非单纯地让学生进行体育锻炼，而是通过家庭运动会的模式来展开。当然实现这一模式需要学校、教师和学生共同的努力，还需要家长的积极响应。

2. 培养学生体育兴趣

培养学生体育兴趣就要从学生出发，以学生为主体，了解学生的爱好，然后循循善诱，使学生不仅能做动作，而且能知道其中的技术原理。例如，男生喜欢打球，女生喜欢舞蹈等。可以为男生组织竞赛活动，调动学生比赛积极性，使他们在竞赛中了解项目技术动作和理论知识；为女生开展一些轻松的体育活动，如广播体操、健美操等。根据不同学生的不同心理安排不同的教学活动，使学生热爱这项活动。情感的建立在于学生在体育锻炼过程中得到的美感以及自身的满足感，这对学生养成终身体育习惯有很大帮助。让体育融入学生情感，成为学生的兴趣所在，才能真正落实终身体育思想。

3. 创设校园体育文化环境

校园文化作为高校校园人文精神的集中表现，在体育教育中具有无形的熏陶作用。高校体育教学改革中，若想有效培养大学生终身体育意识，学校方面要完善基础设施构建，健全体育赛事相关组织建设，借助组织活力性较强的体育项目运动，吸引大学生广泛参加体育锻炼活动。

高校要将立德树人任务落到实处，在推进体育教学改革的过程中积极创设校园体育文化环境，通过课堂教育以及课后实践活动的有机融合，让大学生在掌握体育运动专业技能与方法的同时，进行体育锻炼，从而实现愉悦身心的教育目标。大学生经过课堂体育锻炼与课后实践运动相融合的针对性强化训练，通过学习、复习和巩固，能够加强体育锻炼的参与意志，培养终身体育意识。

4. 使用多样化教学内容

在高校体育教学改革中，若要让学生产生终身体育意识，最关键的是提高大学生对体育的兴趣。利用系统学习激发大学生对体育运动的兴趣，并提高其运动能力，从而使大学生收获良好成效。以此为基础，高校实施教学改革期间，需使用多样化的教学内容，提高教学活动的趣味性，使学生提高学习体育学科的兴趣，在体育锻炼时更加自觉，积极性更高。

5. 积极开展体育竞赛

大学阶段的学生身心发展逐渐成熟，已经具备相当不错的身体素质，这一阶段的学生需要更多竞争性的项目。在竞赛中发展学生身心也是非常好的举措。教师应善于发现学生特点，在教学中多采用比赛、游戏的方式，充分吸引学生的注意力和激发竞争意识。要让学生知道比赛不仅有胜负，而且要以正确的态度去对待它，提高对体育竞赛的认识，唤起学生体育终身化的意识，使体育锻炼成为学生未来生活的重要组成部分。体育竞赛的竞争性正符合目前阶段学生心理、生理需求，有利于激发学生的上进心，使机体得以全面发展，运动能力得以提

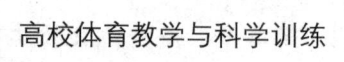

高，使学生更加深刻地了解体育，从而认识到体育的重要性，最终唤醒终身体育意识。

6. 完善体育学习评价

学生的体育学习评价是体育教学中的重要环节，"评什么，怎么评"，关系到学生的进步和发展。评价过程中根据学生的不同层次，可以确定与之相对应的教学内容，保证每个学生都能在教学过程中充分发挥自己的特长，提高学生的综合素质，使评价成为促进学生更好地提升体育运动能力，提高身体机能，焕发精神、活力的有效手段。在此基础上，评价学生时，不仅要对学生最终成绩进行评估，而且要关注学生在学习过程中的行为表现，尤其是学生在学习过程中取得的进步，使学生产生对体育学习的兴趣，从而激发学生体育锻炼动机。所以客观、完善的学习评价对学生全面发展和终身体育思想的觉醒是尤为重要的。

7. 优化终身体育活动形式

在发挥体育课程教学目标作用，促进高校体育教学工作改革的过程中，高校应该高度重视学生终身体育意识培养的价值，合理结合高校特色体育课程教学方式，对学生的终身体育意识进行强化，并尊重学生的个体差异。学生可以在课堂学习中，获得更多与终身体育发展和学习有关的技术技能。教师应让学生结合自身的兴趣爱好，推动个人能力的提高和学习习惯的有效形成。教师可以构建学生体育活动的小组，优化终身体育活动形式，并结合活动课程化要求，精心谋划每年的秋季运动会、励志趣味运动会，要求学生组成多个体育课外活动社团，如田径队、篮球队、啦啦操队和羽毽社等，从而使学生在学习和活动开展的过程中更好地融入其中。在学校体育活动和比赛项目的开展中，各个小组可以明确自身的活动时间、地点，然后具有针对性地制订活动计划，通过活动和比赛不断提升组内学生的体质，进一步巩固身心健康，帮助组内学生在掌握体育基本知识的基础上，提升体育运动技能和体育学习习惯。

8. 提高大学生自我锻炼水平

教师在学生成长期间扮演重要角色，为学生指明正确方向。教师需更加关注学生主体性，通过因材施教的方法组织体育课堂教学活动。教师在设计所有与体育教学有关的方法之前，需综合大学生特点、爱好和兴趣，同时提高宣传力度，利用宣传栏和广播站等，创建积极向上的体育教学环境。高校也应更加重视物质建设，把学校内的一些空间作为体育场地，积极组织丰富的健身活动，如此可以提高大学生学习体育的兴趣和热情。高校体育教师应积极开展实践活动，为大学生讲解理论知识，让大学生在实践活动中灵活运用所学的理论知识。例如，高校体育教师可以组织排球赛或篮球赛等，此方法能让大学生提高体育锻炼积极性，产生良好的终身体育意识。

高校体育教师需提高自我锻炼水平，在为学生讲解体育技能期间，需提高体育锻炼的认知水平，通过丰富的教学方法实施课堂教学活动，这样大学生会产生主动训练的意识。其中，对大学生终身体育意识产生重要影响的内容就是独立锻炼水平，大学生应逐渐提高锻炼次数，提高自身的自我锻炼能力。同时高校体育教师也需充分发挥主导作用，通过激励学习动机提高大学生自我锻炼水平，使大学生体会体育锻炼的魅力。并且体育教师也需组织特色活动，如多器械或单器械活动等，让学生产生终身体育意识，同时有针对性地指导大学生进行体育锻炼，通过耳濡目染的方式，提高大学生自我锻炼水平。

9. 提高体育教师业务能力

教师应树立终身学习观念，不断培养自身业务能力，以学生发展现状为基础组织教学活动，同时尊重学生间存在的区别，针对所有学生制订不同的学习计划。例如，男女生之间的身体素质有所不同，高校体育教师需让男同学进行对抗项目，组织女同学进行柔韧性活动，如此既可以让大学生体会体育学科的魅力，又可以实现锻炼身体的目的。高校体育教师也能利用口令或引导性话语为大学生提供运动自信。因为体育学科具有特殊性，高校体育教师也能利用演示手段为学生讲解体育知识，若是学生存在疑问，教师需积极解答。

高校体育教师还可组织羽毛球比赛和篮球比赛等，此类比赛能提高学生进行体育锻炼的积极性，令他们了解体育教学的作用。同时，高校体育教师也需具备与时俱进的理念，以学生整体现状为基础，制订良好的训练计划，使大学生树立终身体育观念。高校体育教师备课期间，要充分熟悉所有课程的详细教学目标，同时公平公正地对待所有学生，这样能建立良好的师生关系。

第三章 高校体育教学要素的改革

体育教学的改革不仅关乎高校体育教学的整体水平,而且是教育体制改革的必然要求。也正因如此,现如今国家高度重视高校体育教学要素的改革。本章分为高校体育教学内容的改革、高校体育教学过程的改革、高校体育教学方法的改革、高校体育教学模式的改革、高校体育教学评价的改革五部分。

第一节 高校体育教学内容的改革

一、高校体育教学内容改革的前提

体育教学内容准入课程不是一个简单的选择问题,需要满足一定的依据。这里的依据具体指什么?如课程标准、课程大纲、教学计划、教育目的、教育政策等都是体育教学内容准入的依据。那这些依据又是从何而来的,则要挖掘其选择、实施所要代表、表达的主体愿望和意志。如继续追问,是谁的愿望和意志呢?用利益相关者理论来分析,高校其实就是一个利益相关者组织或利益共同体,它代表着多种利益主体的利益。

高校体育教学内容准入的相关利益主体,是指对体育教学内容投入人力资本和智力资本,影响体育教学内容或被体育教学内容所影响的个体或群体。

(一)应着眼于国家利益

课程是"国家权力的微观表达"。体育教学内容是构成体育课程的核心,是国家权力、意志的表达形式。国家制定有关体育课程的政策、方针、文件等对学校起着决定作用。学校作为为国家培养人才的机构,课程内容的设置必然首先要考虑国家的切身利益,满足国家的需要。习近平总书记在全国教育大会上对学校体育的目标做了深刻论述:"要树立健康第一的教育理念,开齐开足体育课,帮助学生在体育锻炼中享受乐趣、增强体质、健全人格、锤炼意志。"可见,教学内容与国家利益密切相关。

(二)应着眼于高校自身利益

高校自身利益即谋求自身生存,以求更好发展。高校作为执行课程政策、方针的机构,是实现课程由理念转化为现实的主阵地。在此过程中,培养更多高质量人才是其生存、发展之本,因而人才培养质量关系到高校自身利益。而决定人才培养质量的关键即为课程、教学内容的选择和实施。根据课程改革的要求,严格把控课程准入关,积极开发形式多样、可供选择的内容资源,从而提高课程质量,促进人才培养。就体育课程而言,体育核心素养培养是高质量人才培养的重要组成部分,强健的体魄是高质量人才的前提条件,良好的校园体育文化可以促进高校更好发展。因而,高校应提高体育教学质量,精选体育教学内容,开发独具特色的校本课程,着眼于人才培养质量,以实现自身利益。

(三)应着眼于体育教师的利益

体育教师是高校体育教学内容准入中利益共同体的主要成员,是知识的传授者,是人才培养的专业人员,直接关系到国家教育理念的落实、关系到高校的教学质量、关系到学生的学习效果。体育教师对高校体育教学内容准入中其他利益共同体的利益起着重要的制约作用,可以说体育教师主宰着其他利益共同体的利益。在高校体育教学内容的准入中,体育教师并不是教学内容的单纯实施者、被动执行者,更应该发挥教学内容开发、决策中的主体地位,享有充分知情权的同时更拥有绝对话语权,能充分表达自身的认识和思想,切实维护自身利益。

(四)应着眼于学生的利益

学生是高校体育教学内容准入中最直接的利益相关者,高校体育教学内容如何制定、如何实施都要实现为学生服务的目的。学生作为有价值判断、有思想、有兴趣的个体,在利益共同体中应具有表达自身意见的话语权。高校应在源头上满足学生的多样化需求。

此外,高校体育教学内容准入的质量也密切关系到学生的学习效果。我国由过去过于注重学科本位的价值取向向以育人为主的综合价值取向的转变、立德树人宗旨的提出均对体育教学内容的质量提出了一定的要求，体现了体育教学内容的价值要真正回归到培养学生核心素养方面。

二、高校体育教学内容改革的保障

（一）制度保障

1. 顶层制度

2014年，教育部颁布《教育部关于全面深化课程改革 落实立德树人根本任务的意见》，指出学校教育领域要研究制定符合学生发展的学科核心素养体系和学业质量标准，探讨各学段学生发展核心素养的指标，要明确学生应具备适应终身发展和社会发展需要的必备品格和关键能力。这是我国第一次提出核心素养体系概念。2016年9月发布的《中国学生发展核心素养》总体框架指出，中国学生发展核心素养以培养"全面发展的人"为核心。可见，发展学生核心素养已取得一定成效，有了相应制度支持。但学科核心素养发展，还存在步伐较慢、制度缺乏等问题。

就体育学科核心素养而言，我国目前正式颁布的文件是教育部颁布的《普通高中体育与健康课程标准（2017年版）》。它将体育与健康学科核心素养概括为运动能力、健康行为、体育品德三个方面，强调把培养学生学科核心素养作为课程的出发点和落脚点。它的颁布使人们对高中体育与健康课程的性质、基本理念、课程内容、课程结构等都有了重新了解和认识。而我国普通高等学校学生体育学科核心素养培养当前参照的仍是2002年颁布的《全国普通高等学校体育课程教学指导纲要》，这一制度显然已不能为当代大学生体育核心素养培养提供顶层指导。因此，应加强相关制度制定，提高对体育教学内容的管理力度，正确处理高校体育教学内容规范化和自由化之间的关系，实现高校体育教学内容有章可依、有章可循。

2. 资金制度

高校体育教学内容的调整、更新、完善离不开学校的硬件资源和软件实力相配套。硬件资源包括各类体育场地、教学用具、器材等；软件实力包括课程领导力、师资水平、校园体育文化等。近年来，各高校硬件资源得到进一步完善，尤其是西北部落后地区高校硬件实力明显提升。但是，场地器材老化、破损、失修成为各高校面临的共同难题，一些高校采取闭馆措施来减少损耗，甚至一些高校的体育设施徒有框架，而不具实用性，存在严重的安全隐患。软件实力不足更是许多高校面临的困境，严重限制了高校的高质量发展。硬件资源和软件实力是培养学生体育学科核心素养的基石和保障，然而这些都离不开资金支持。因此，国家财政部门、地方政府、教育部门应设置专项资金支持制度，通过资金扶持，保障实现学生核心素养下的体育教学内容所需硬件资源和软件投入进一步完善。

3.培训制度

成尚荣先生曾于2016年指出："当前的重点还不是如何落实，而是怎么认识、怎么理解的问题。"此话不无道理。教师认识、理解何为核心素养是进一步落实核心素养的前提。目前，我国广大普通高校体育教师对体育核心素养、体育学科核心素养等问题认识尚且不足，虽已认识到教学内容要忠于核心素养，但对体育教学内容如何贯彻体育学科核心素养还处于困惑阶段，并未做到真正理解和内化。

因此，如不能从根本上对一些基本问题加以明晰，对一些操作性问题加以探讨、交流，体育课程改革将很难深入、见效。有关教育部门、行政部门要重视体育教师的培训工作，加强对体育教师的培训力度，从核心素养理念到实践方面提高培训的针对性、有效性；定期组织课程观摩、研讨活动，实现经验共享。

（二）组织保障

制度的关键在于落实，不加以落实的制度犹如纸上谈兵，而制度的成功落实离不开组织的保障。从宏观角度来讲，高校体育教学内容的准入可由教育行政部门、高等学校、体育学院共同建立课程审定委员会，在明确课程准入制度、课程标准（大纲）、培养方案、教师资质等的基础上审定什么样的教学内容可以进入课堂，什么样的教学内容不宜进入课堂。从微观角度来讲，高校体育教学内容要符合学生体育核心素养培养目标，需要有专业的体育管理团队积极投身到体育学科核心素养培育的课程实践中。可以建立由分管校长领导、体育教研组组长为主负责、各负责人组成的管理团队，明确各自的职责与分工，全方位参与学校体育教学内容的规划、设计、实施、教研、监管等环节，深入日常体育课堂，最大限度避免核心素养理念与教学实践之间出现"断层"现象，不断提高体育课堂教学质量，为培养学生的体育学科核心素养提供强有力的组织保障。

（三）监督保障

制度的关键在于落实，要避免制度成为"一纸空文"，需要完善监督机制来促进执行。第一，要对制度执行的组织，如课程审定委员会、课程管理团队，进行监督。主要监督其对课程管理的作为情况，监督各组织的执行力，使其充分发挥引领、示范、管理的作用。第二，要对制度执行的最终落实者——教师进行监督，监督课堂中教师对教学内容的实施情况，避免低俗、低效的内容，避免与社会主义核心价值观相背离的内容，避免不切合核心素养培养目标的内容。对"教师能讲什么、不能讲什么"进行适度的监管时，既可以建立监督机制，由各管理组织和教师相互监督，也可遴选党团员代表、学生代表对两者进行监督。一旦发现组织不作为、教师教学内容欠妥等问题，应立即查实，及时纠正。

第二节 高校体育教学过程的改革

一、体育教学过程的概念

体育教学过程是为实现体育教学目标而计划、实施的，使学生掌握体育知识和运动技能并接受各种体育道德和行为教育的教学程序。这个程序具有学段、学年、学期、单元和课时等不同时间概念。

二、高校体育教学过程改革优化

（一）优化体育教师

使体育教师的主体能动性得到充分发挥，也就是在整个体育教学活动开展的过程中，使体育教师的主导作用得到有效的发挥。在高校体育教学中，体育教师是教学的主体，发挥着主导的作用。通过对高校体育教学过程展开动态分析可以得知，教师的主导作用主要体现在三个阶段，即体育教学的准备阶段、体育教学的实施阶段与体育教学的反思阶段。因此，在优化体育教师的时候，应该从上述三个阶段展开分析。

1. 体育教学的准备阶段

在体育教学的准备阶段，体育教学方案得以形成，是指按照体育教学的理论与实际条件安排、规划、确定体育教学过程、体育教学目标与体育教学评价等。对体育教学方案进行优化设计，能够保证体育教学整个过程的优化。

2. 体育教学的实施阶段

体育教学的实施阶段实际上就是对体育教学进行管理、组织、实施的阶段，同时也是体育教学目标实现与体育教学方案具体执行的过程。高校体育教学的实施阶段是体育教学过程的重要组成部分，在这一阶段中，体育教师承担着很多方面的任务，如使学生的学习动机得到调动、使学生的学习过程得到指导与组织等。这一阶段也是对体育教学过程进行优化的重要阶段。

3. 体育教学的反思阶段

体育教学的反思阶段，主要是指评价与反馈体育教学效果的过程。这一阶段也是体育教学过程的最后一个阶段。在这一过程中，需要对体育教学效果进行检查与评估。体育教学评价的开展，能够使体育教学活动是否达到体育教学预期目标的问题从实际效果上得到解答；同时，还能够将基本的反馈信息提供给下一个体育教学过程。对体育教学效果进行科学的、合理的评价，不仅仅是体育教师的重要责任，还是优化体育教学活动的客观要求。

（二）优化学生

在我国的国家基础教育改革中，以学生为主体的全新教育理念被提出。这一理念要求在体育教学活动开展的过程中，学生是主体。所以，在高校体育教学开展的过程中，学生的主观能动性应该得到发挥。这表现在对体育教学内容进行选择，使学生体育锻炼与学习的动机、兴趣与愿望得到体现；通过体育练习活动的开展，使学生的运动能力、运动经验与运动技能储备等得到发展。在高校体育教学实践活动开展的过程中，只有学生的主动性、创造性与独立性得到全面的发展，才能够保证学生对体育知识、体育技能有所掌握，使学生自身的能力得到发展。

（三）优化体育教学过程的控制、管理与评价

优化体育教学过程的控制、管理与评价，应该从体育教学目标、体育教学效率等指标出发，并且保证控制、管理的过程中做到有组织、有目的、有计划地开展，同时还要对体育教学速度、体育教学时间等因素进行综合考虑，争取在体育教学开展的过程中，做到在较低消耗的情况下，取得理想的体育教学效果。

总而言之，在对高校体育教学过程进行优化时，应该将教师教学活动的科学组织与学生学习活动的有效开展紧密联系在一起，对体育教师的教与学生的学的双边活动科学地进行组织；同时，要全面考虑体育教学的规律、体育教学方法、体育教学模式、体育教学的内部条件与外部实际条件，从既定目标出发，使体育教学过程的有效作用得到发挥，促进最佳体育教学效果的实现。

第三节　高校体育教学方法的改革

一、体育教学方法的概念界定

（一）教学方法

教学，可以简单地理解为由教师的教与学生的学组成的一种双边互动活动。在我国，教学是以知识的传授为基础的。

学者彭永渭认为，教学方法是教师和学生为了完成教学任务，实现教学目的所采用一种的工作方式和手段。

学者唐斌认为，教师首先要有一定的教学目的，然后根据学生的身心发展规律展开教学，教学过程一定是有计划、有组织的。而学生们吸收的科学文化知识和技能是可以灵活运用的。智力和体力提高的同时要良性影响学生的思想品德。

学者李朝辉认为，为保证教学目的和任务的有效完成，利用某种方式和手段在教学过程中促进学生之间、师生之间的互动，这种方式和手段统称为教学方法。

学者郑金洲在《教学方法应用指导》中提出，为了实现教学目标，教学过程中师生会利用一些学习方式以及教师提供的教学措施来帮助学生更好地进行知识的学习和学习认知，这种办法和措施称为教学方法。

学者迟艳杰在《教学论》中提出自己的观点：教学方法是通过运用某些材料的有效活动方式来实现一定的教学目标，学生的学习方法会被教师的教学方法影响。

综上所述，教学方法是为了完成相应的教育教学任务而采用的方法。它包括教师层面教育教学中所教授的方法和学生知识学习层面的学习方法这两个内容。可以说教学方法是教师教授方法与学生学习方法的统一。

关于教学方法方面的研究一直以来都受到了很多学者的关注，它作为传授知识的重要途径，是课堂的灵魂。教学方法应该按照学生的身心发展特点以及学生对应专业的培养方案进行选择和应用，否则会对教育教学的开展产生限制作用，最终不能达到很好的预期目标。"教学有法，教无定法，贵在得法"，教学方法并不是一个万能的模板，运用之前应该理解它的内涵以及背后的核心思想，不能生搬硬套地去运用任何一种教学方法，这样才能为教学的顺利开展奠定坚实的基础。

（二）体育教学方法

瑞典的体育教师斯卡斯特罗姆在 1914 年出版的《体育教学法》一书中最早提出体育教学方法。20 世纪初期，随着世界各国之间的联系愈发紧密，西方的体育教育思想传入国内。我国的体育教育也随之发生变化，许多学校开设"体育教学方法"课程，其内容大都选用美国、英国体育教学教材，然后结合国情，为己所用。

中华人民共和国成立后，从 1954 年开始，"体育理论"的课程内容首次提及了体育教学方法。随着师范院校体育系的逐渐重视，各个学校也陆续开设了"中学体育教学法"的课程，适应了体育教学方法的改革。

在人民出版社于 1996 年出版的《学校体育学》中是这样阐述的："体育教学方法就是体育教学过程中完成教学任务所采用的教学途径和手段。"

也有学者对体育教学方法是这样定义的："它主要研究学校的体育教学，兼及竞技运动和群众体育的教学。其中心课题是探讨增强体质、掌握体育知识技能的规律，指导体育教学实践，提高教学质量。"

学者龚坚持有的观点是：体育教学方法中方法的共性与体育教学的个性并存，结合现有的研究对体育教学方法的理解为"体育教学方法中有其特定的体育教学思维，即在特定的教学环境里，特定的教育目标下实现其特定功能"。教学组织策略和体育教学思维理论是这一观点的简单表达形式，同时也是理论联系实际的有效印证。笔者在进行相关资料查阅后发现，体育教学方法就是体育课程中所涉及的教学方法，具体分类如表 3-1 所示。

表 3-1　体育教学方法的主要分类

类型	具体包括的教学方法
以语言传递信息为主	讲解法、问答法、讨论法
以直接感知为主	动作示范法、演示法、纠正动作错误与帮助法等
以身体练习为主	分解练习法、完整练习法
以情景和竞赛活动为主	运动竞赛法、运动游戏法、情景教学法
以探究活动为主	发现法、小群体教学法

二、高校体育教学方法

（一）小群体教学法

1. 小群体教学法的定义

毛振明教授在研究中认为，小群体教学法是在体育教育教学中把集体性的因素和学生间的相互作用进行结合，从而提高学生学习的质量，并且对学生个性化和个体社会性进行培养的一种教学方法。

周登嵩认为，小群体教学法就是通过蕴含其中的社会性作用对学生产生影响，使学生融入集体，相互交流、相互影响、相互促进、共同协作来提高学生的学习主动性，提高学习质量的一种教学方法。

龚坚在研究中指出，小群体教学法是把学生分成若干个小组，通过课上教师的指导，使同组的学生以及小集团之间产生互动、相互帮助、相互竞争，从而使教学效率提高的一种教学方法。

邵德伟将小群体教学法定义为：通过教师的耐心指导，教师和学生之间能够在教育教学活动中相互交流，与此同时，小组内成员合作交流，组与组之间相互竞争。学生一边相互学习、相互合作，一边在相互比拼中共同进步。这样的方法既可以加深教师与学生之间的感情，又可以增进学生之间的感情。

许婉敏所认为的小群体教学法是这样的：通过测试学生的技术成绩、身体素质和学习能力这三项指标，来分析学生的综合能力。之后在教师指挥下将学生合理分组，每组人数控制在 8～10 人，分组后以小组的形式共同学习、交流问题。此方式一方面可以发挥学生的积极主动性，另一方面能促进学生之间的互助，使他们更好地进行学习。

第三章　高校体育教学要素的改革

李云对小群体教学法是这样界定的：在教师的指导与帮助下，通过对全班学生进行合理的小群体分组，使每个小群体成员能够充分地发挥学习自主能动性，并且充分掌握基础知识、学习重点和要领，在多次训练之后，逐渐挖掘其潜在动力，使学生能够进行自主性、创新性学习的一种教学法。

杨楠认为小群体教学法是首先对学生进行分组，然后通过教师与学生之间、同组学生之间、小群体与小群体之间的交流学习，最后加上教师的引导，从而提高教学效果和课堂学习效率的教学方法。

从诸位学者的研究方向和研究成果来看，小群体教学法是区别于利用个体带动集体发展的教学方法。小群体教学法可以通过合理的小组分配，提高全体成员自主学习的积极性，可以达到利用各自的差异实现互补和相互促进，以达成学习成果的最终目的。

2. 小群体教学法的研究现状

蔡春霞在研究大学生的心理健康时运用了小群体教学法，她认为小群体教学法在某些体育选修课程中的成功开展，确实能够显著提高学生总体的心理健康水平。

郝海涛认为，小群体教学法可以作为体育教学改革和发展的推动力之一，在体育教学的改革与发展中应当引入小群体教学法，原因在于小群体教学法在培养学生的竞争和合作意识方面要比传统教学法更胜一筹。

汪虹和赵晨在进行小群体教学法研究之后，得出结论：小群体教学法之所以可以促进学生发展，原因是在实际教学中各种动态因素得到了合理的运用，并且这些动态因素的结合确实可以激发学生更多的学习兴趣。学生与学生之间合作不但可以完成相应的教育教学任务，而且能帮助他们提高对团队的适应性。

王海霞基于"信息论"的研究视角，对小群体教学法进行了具体且细致的分析。她把一堂体育课程比喻成了一个信息资料库，在这个巨大的信息资料库里面，不只含有教师在课堂上所讲的教学内容，还包括学生在课堂教学中学到的内容，以及在后续过程中通过亲身实践所体悟的内容。她在不断研究中意识到小群体的功能，认为组成各个小群体可以满足许多个体的不同需求，而且群体内的学生在其中相互帮助，互相学习，当预定的目标实现之时，他们会对小群体产生极大的归属感。

叶常青、李正贤、李金芬等人对小群体教学法的实效性进行了研究，研究包括以下几个方面：小群体教学法的采用是否可以改善大学生的体能状况、小群体教学法的运用是否可以使学生养成良好的体能、小群体教学法的应用是否可以提高学生的心理健康水平。研究表明，小群体教学法确实具有较强的科学性、实效性以及先进性。在素质教育的时代背景下，小群体教学法逐渐成为高校体育教学改革的有力举措之一。

赵士华在深入研究了小群体教学法后认为，学生在小群体之间的相互合作能够使他们在一定程度上加深对集体的重要性的认识，而这一方面会加大学生运动技术以及技能的掌握程度，另一方面能促进学生的多元化发展。

徐金华认为，学生之间存在着或多或少的差异，在实际教育教学中，要想更好地使学生心理健康得到发展，不仅要培养学生的学习兴趣，而且要努力培养学生内部的学习动机，使学生能够互帮互助，共同进步。

江南深度阐述了小群体教学法的核心价值，认为小群体教学法是在教师的引导下，将以班级为单位的大团体拆分成若干小群体（组），在小群体（组）中针对学生不同的情况进行综合规划，是一种注重学生个性化的教学方式，同时也是一种新型的教学形式。

胡科伟在对小群体教学法的研究中发现，小群体适合高校体育教学，这种教学方法可以帮助学生有效学习，同时大幅度提高学生对体育课程内容的学习热情。在特有的年龄阶段中，小群体教学法将使高校学生形成一种深刻记忆，从而养成团体意识和观念，也将为学生的未来发展创造条件。

参照以上学者的理论来看，小群体教学法不仅可以提高学生的团队意识，提高学生的人际交往能力，而且可以使学生在学习过程中充分发挥学习的自主性，从而有效促进学生进行学习创新，提高学习成绩。

3. 小群体教学法在体育教学方面的应用现状研究

付纪良和丁芳盛在大学生体育课程教育教学中，同样采用小群体教学法进行实验，并得出体育小群体教学法确实能够促进大学生的亲社会行为，主要表现在以下四个方面：一是利他性；二是遵规和公益性；三是关系性；四是特质性。他们最终得出了体育小群体教学法对促进大学生亲社会行为的效果要比传统体育教学法好的结论。

樊伟在对高校女生体育教学的研究中认为，在小群体的教学过程中，要重点观察、培养小组长的组织能力，这有助于丰富课堂学习效果。

王志健在对小群体教学法的研究中发现，小群体教学法是学习和个性化培养的互助式教学方法，这种教学方法帮助学生提高竞争意识，促进团体性学习的认知，让学生可以在小群体中进行互助学习并进行竞争，其后让小群体在大团体中竞争，让学生体验到学习的乐趣，改善学生思考问题的能力，并可以找寻到正确的方法解决问题。利用小群体教学法，有益于深度感知和利用知识，最终达到教学目的。

孟永群借助小群体教学法开展了健美操课程的教育教学，通过研究得出了小群体教学法的深刻内涵及指导思想。他通过研究发现，虽然小群体教学法和其他体育教育教学方式的核心指导思想几乎相同，但是在教学形式上却有很大的不同，即在课堂准备部分的最后阶段有一个分组，而最后分组的目的在于提高课堂的学习效果。一系列的研究表明，虽然小群体教学法在体育教学中已经运用得比较成功，但仍然有需要完善的地方，而且理论有待深化，这就需要体育教育教学研究者群策群力，集思广益，通过体育教学实践使小群体教学法逐渐得到完善。

杨昆对乒乓球专业的学生进行了小群体教学下的实验研究，通过对实验的数据进行对比得出，在小群体教学下，学生的差异性能够得到体现，可以充分利用各自的差异和优势，相互补充，共同提高。这种教育教学方式不仅有利于营造协同式的学习氛围，而且有助于学生对体育动作技能的掌握。

张亚平在篮球课中运用小群体教学法时，通过实验研究法得出结论：在实施小群体教学法后，学生在人际关系、自我效能感、焦虑情绪等方面得到了显著改善。

陈冀杭在乒乓球教学中对小群体教学法进行了研究，他认为小群体教学法更能够使学生建立正确的乒乓球技术动作表象，更好地理解动作以及动作之间建立的联系。小群体学习形式在乒乓球体育教育教学中体现了更大的优势，在乒乓球教学效果的提升上有显著的辅助作用。

杨柳洁等人在健美操教学中，利用小群体教学法来提升教学成果，并在研究中体会到，小群体教学法下的学生，创新能力以及学习能力更强，综合素质也在不断提高。

综上所述，在实际的体育教学中，教师应要求学生相互搭建一定的平台，通过他们群体性的探究过程再不断地培养学生自主探究、学习、掌握新知识和新技能的能力，从而带动学生对学习产生更大的兴趣。

（二）游戏教学法

1. 体育游戏的特点

体育游戏的选材源于现实生活，许多游戏都具有一定的社会历史性，呈现了当代的社会生活现象。具有竞争性的游戏，能够提高学生生活、学习、劳动的兴趣，增强坚强的意志品质和竞争意识，增进学生之间的友谊，激发人体的体能、智能和身体素质，培养学生团结友爱的意识，促进身心健康，有利于培养充满自信、顽强拼搏、不怕困难、积极进取的现代人。体育游戏有以下几个特点。

（1）趣味性和娱乐性

体育游戏是游戏者在没有什么外来压力的情况下自由选择的活动，因此游戏者在参加活动时，能够感受到自由、轻松、平等的氛围。享受活动带来的乐趣，让游戏者自由表现的同时拥有一种轻松愉快的心情。只有自觉参与的有趣游戏，学生才能更好地对游戏产生兴趣，只有体会到游戏的新奇，学生才会投入百分百的精力。

（2）集体性与参与性

只要体育游戏符合各个年龄阶层人的身心需要，所有人都会参与其中。只要有人参与就不会只为一人设计，而是要让更多的人参与进来，让大家体会到现代生活除去工作后还有休闲娱乐时光。

（3）教育性

远古时期，我们的祖先在教育后代如何生存时就使用游戏的方式，因此体育游戏一出现就具有一定的教育意义。游戏培养学生的德、智、体、美，从而全面地发展学生的身心素质。中国古代六艺中的射、御中就涉及了体育游戏；美国的实用主义教育家杜威就曾经提出了"教育即生活，学校即社会"教育思想。无论是古代还是现代，国内还是国外，人们都认为游戏对人类而言具有一定的教育意义。

（4）竞争性

虽然体育游戏具有娱乐性，但是这并不影响游戏的竞争性。适当的竞争性可以激起参与者的热情，使参与者开动脑筋，用智慧战胜对手。假如体育游戏具有过于激烈的竞争，就失去了游戏的本质，从而演变成了竞技性质的运动。

（5）公平性与规则性

无规矩不成方圆，所以体育游戏的设计要有合理严格的规则。这样可以保护参与者在条件均等的环境下进行公平合理的竞争。但是体育游戏的规则要简单明了、通俗易懂。奥林匹克精神强调竞技运动的公平与公正，同样游戏也讲究公平性。要想保证游戏的公平性，就需要第三者的参与，如裁判员的加入。游戏规则能够保证双方的公平竞争，约束游戏者的违规行为，指引游戏的战术与技术向正确的方向发展，维护游戏安全有序进行。所以，在游戏者遵守规则的条件下，游戏才可以公平公正地进行下去。

（6）目的性

体育游戏教学的安排和实施的目的性比较强，体育教师应根据这一特点合理地安排教学内容和教学目标。这样不仅可以促进学生身心健康的发展，培养学生的良好意志品质，而且可以使学生在欢快的气氛中，掌握学习的基本技能。教师在体育教学中融入体育游戏，可以发挥体育游戏教学的价值和作用，有效地完成体育教学的任务。

（7）科学实用性

在进行游戏创编时也要考虑学生的生理规律、健康需要以及学生年龄阶段的心理特点、生理特点、身体现状等。游戏能帮助学生发展自我力量，能缓和紧张情绪。所以在设计游戏时要使每一个游戏都能使学生积极向上，增强身体素质，养成终身体育的习惯，体现体育游戏现实的作用。因此，设计游戏时要注意科学实用性。

2. 体育游戏的分类

活动性游戏是一种有组织的体育活动，按照一定的目的和规则进行，如走、跑、跳、攀登、投掷、搬运等。这种游戏充分展现了学生的体能和智力水平，能够使他们养成良好的团结合作精神和艰苦奋斗、迎难而上、勇敢顽强的体育精神。竞赛性游戏是当学生经过长久的体育学习和锻炼，达到一定的运动技术水平后进行的体育游戏，如篮球、乒乓球、排球、足球、棒垒球、网球、羽毛球、手球等。这类游戏具有较烦琐的技术、战术要求，有统一的规则、固定的游戏人数，需要群体配合，并讲究战术计谋。竞赛性游戏可以提高学生的身体活动能力，培养学生良好的思想道德品质，促进学生的各项技能、技术更上一层楼。

3. 关于游戏教学法的研究

虽然游戏教学的理论到现代才开始成熟，但是有关游戏教学法的实践与理论一直都有相关的研究。杰出的青年运动领袖之一杨贤江先生非常关心青少年的健康成长，非常重视青少年的游戏活动。早在1922年，杨先生就发表了一篇文章，其中提道："游戏也很重要。游戏本身有很多价值。"

20世纪早期，在陶行知举办的教育实验活动中，出现了一种小学生"唱游"的游戏活动，这也是早期的体育游戏形式之一。我国著名教育学家陈鹤琴先生认为游戏不仅能培养儿童活泼的头脑和健康的身体，而且能提高孩子智力发育的水平，激发幼儿的学习意识和学习兴趣，因此他认为应该用游戏法代替传统体育教学。陈先生认为"游戏是儿童的生命",游戏不仅"可以给小孩子快乐、经验、学识、思想和健康",同时它也具有非常重要的教育价值,应该成为儿童教育的主要方式。

李秋兰建议根据学生的成长特点,科学组织游戏,选择合适的游戏教学,对于好的教学方法我们要发扬,不好的方法我们要敢于质疑。王嫦敏指出,场地器材有限,但体育教师可以充分利用学校现有的场地和设备,根据自己的目的选择一些有效的、具有教育性的游戏来进行课堂教学。蔡锦勇提到,体育游戏的应用要注意及时性和有效性。高峰对游戏教学法在体育教学中的应用提出了自己的看法。他认为体育游戏可以作为日常体育技术教学的准备、基础和结束部分。但是,教师在游戏的各个环节所充当的角色和所具有的地位是不同的。准备部分的游戏活动不同于基础部分的游戏活动。一堂体育课从开始到结束应用体育游戏可以充分提升学生参与活动的兴趣,提高学生学习积极性,从而活跃课堂气氛,提高教学质量。

游戏的分类很多。例如,在体育教学中,游戏可分为竞技游戏和集体游戏。有一位专家通过分析研究发现,涉及行为、情感、沟通、心理和学生思维发展的集体运动比赛项目对于培养学生的团队意识、团队归属感和团队竞争力有积极作用。

陆文龙先生认为,在体育教学中运用游戏教学法,可以提高学生的跑、跳活动能力,并且能消除学生的不良情绪,能极大地激发学生参与体育活动的兴趣。

何亚辉在实验研究中,证实了学生的心理倾向。他通过游戏化教学与传统教学的实验比较,发现游戏化教学方法不仅能够促进学生身心健康的全面发展,而且能为学生终身体育意识的形成奠定良好的基础。

唐文忠、徐向鸣通过对体育游戏特点的分析,在阐述体育游戏与体育教学的关系时提出,在体育与健康教学的过程中采用游戏教学法可以很好地培养学生良好的思想品德,塑造学生良好的人格品质,使健康第一的指导思想在学生心中扎根,茁壮成长。

综上所述,游戏教学法更应该是对传统体育教学法的补充,更适合大学生的体育教学。

(三)情景教学法

1.情景教学法的概念

对于情景教学法的概念,国内外诸多学者都提出过相关看法。米俊魁指出:

"情景教学法是教师在具体的教学中,根据教学目的,有意识地创设一定形象、生动、具体的场景,以渲染课堂情绪并引起学生的态度体验,从而有助于学生更好地理解教学内容,进而促使学生身心机能得到更好发展的一种教学方法。"

在我国,最为广知的是李吉林教授给出的情景教学法概念:"情景教学法是一种通过创建有效的情景,让学生在情景中学习知识和训练技能的教学方法。"

2.情景教学法的原则

教师在教学之前要充分了解学生,依据教学目的对教学内容和教学过程进行合理的设计与安排,这是教学中非常关键的步骤。同时,教师在设计教学内容和教学过程时也需要遵循一定的设计原则。情景教学案例也不例外,也应遵循情景教学特有的原则进行编排与设计。

(1)接近性原则

高校学生并没有系统掌握跑、跳、投掷等基本技能,因此在设计情景时应秉持让学生"跳一跳就能摘到桃子"的理念。设计的关键在于情景内容难易程度的把控。如果情景内容设计得过于简单,学生很容易就能完成练习,这样很难激发学生的求知欲,降低了学生对动作练习的积极性;如果情景内容设计得过于困难,学生屡次尝试失败,不能完成练习,这样会使学生的自信心受挫,阻碍学生的身心发展,也会降低教学效果。所以,教师在使用情景教学法时要充分遵循接近性原则,设置科学合理的情景练习。

(2)启发性原则

情景教学法的启发性原则是由教学过程中以"教师为主导,学生为主体"这一中心思想延伸而来的。在情景教学中要尽量多采用设疑的方式,不要过早告知学生答案,这样能够引导学生在思考的过程中发现问题,充分发挥学生的主观能动性,主动参与到解决问题的环节中来,使学生逐渐养成独立自主的学习习惯。同时鼓励学生以小组讨论的方式解决问题,鼓励学生积极探索,发现问题,培养学生团结协作的精神和分析与解决问题的能力。

(3)创造性原则

创造性原则要求教师在创设情景的过程中注重新意,在体育情景教学主旨之下,结合不同项目的特点和学生的年龄特征创造性地设计教学情景,这样能够使学生主动学习并积极地练习。每当教师创设出更加新颖的教学情景时,都会有效地提高学生的学习兴趣和学习效果,进而提高学生的学习成绩。

(4)针对性原则

针对性原则是指在进行情景教学之前,由于学生的身体素质和水平往往存

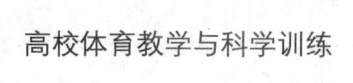

在差异，教师要充分了解学生情况，针对不同层次学生的水平和能力，设定合适的教学目标。另外，在设计情景教学内容时，要紧扣教学目标和教学主题，针对学生的不同情况，来设置不同的情景教学任务。

（5）真实性原则

真实性原则是指教师在教学活动中设置情景时，要结合实际，符合现实体育课堂中出现或可能出现的场景，这样有利于学生学以致用，在现实生活中遇到问题时能够用所学知识解决。要设置与跑、跳、投掷学习场景有关的练习项目，当学生顺利完成情景练习时，会在下一阶段的技能学习中更加有信心，使学生在增加生活经验的同时夯实体育基础。

3. 情景教学法的理论依据

（1）建构主义理论

建构主义的学习观强调学生学习的主动建构性、学生学习的互动性以及学生学习的情景性。建构主义认为学生具有巨大的潜能，同时具有丰富的经验世界，而教师就是学生的开发者。因此，建构主义理论催生了很多新颖的教学方法，如探究教学法、情景教学法、支架式教学、合作教学法等。建构主义理论认为学生能够在情景化的学习环境中去发现问题、探究问题、解决问题，可以充分促进学生主动地对知识进行理解与意义建构。教师在课堂中使用情景教学法时要以具体事件和具体问题为基础来创设情景，这样学生在特定的情景中学习到的知识不仅牢固扎实，更能够举一反三有效地迁移运用知识。

在建构主义理论的基础上，体育教师在运用情景教学法授课时必须符合具体的教学内容、教学主题以及教学目标，这样有利于激发学生主动学习体育知识与技能。所以，体育教师在课堂教学中运用情景教学法时，应以建构主义理论为依据，根据学生的认知水平和身心特征，创设符合实际的教学情景来带领学生更好地学习体育知识及技能。

（2）人本主义理论

人本主义代表人物罗杰斯认为："刚出生的婴儿并没有自我的概念，随着他（她）与他人、环境的相互作用，他（她）开始慢慢地把自己与非自己区分开来。"环境对人情感认识的发展是至关重要的，"孟母三迁"就体现了环境对人的影响。人本主义理论往往关注的是外在环境和适当方法的诱导与学习者的内心世界相互呼应，内在与外在相结合，具体表现为他们的兴趣和真情实感的相互交融，并在此找寻逻辑规律。而情景教学法充分印证了这一点。教师通过结合教材内容与现实生活来创设丰富多样的教学环境，使学生融入其中，激发学生的认知和情感，达到学习效率的最大化。

人本主义理论的教师观强调，教师要为学生提供学习的手段和条件，促进个体自由地成长；人本主义理论也提出教学过程中要伴随着一定的综合性，在情景教学过程中要发现学生的兴趣点，根据学生的认知、需求与自身能力水平去创设适当的情景，一定程度上保证学生不是一味被灌输过于沉重的思想和模式，而失去学生本身的创造力。把握学生的真实感受，激起他们良好的认知，从学生的主体角度出发是情景教学法的核心内容。

（3）认知发展理论

每个人对事物的认识、思维方式和水平都是一个不断变化的过程，人在没有发育完全的任何一个阶段，虽然已经具备某种能力，但仍然需要具体的事物支持。教师在课堂中创设生动具体的情景，将学习内容寓于有趣的教学情景中，能够弥补学生抽象思维的欠缺，充分引导学生探究发现问题，形成自主解决问题的能力。

三、高校体育教学方法改革的路径

（一）关注个体差异与个性需求

基于素质教育的价值取向，体育教师应从学生身心发展规律入手，根据学生的综合学习能力发展与核心素养培育需要，进一步整合各类教学资源，改革教学内容，创新教学内容的类型，制订丰富、明确的个性化体育教学活动方案。

1. 科学测量，分层定制

素质教育认同差异，认同因材施教。体育教师可通过问卷调查、交流座谈等方式"摸排"学情，了解学生的体育素质差异，尤其是体能水平的差异、抗压心理的差异、知识储备的差异等，从而将相关学科知识进行层次化分析。体育教师还要改进教学知识中重难点的教学方法，合理调整体育学科的主要教学活动，分层定制教学菜单，优化教学设计环节，并为学生制定个性化的学习目标、学习内容，准备不同的学习材料，帮助学生快速掌握体育技能，提升整体素质。

2. 项目扩充，分类实施

素质教育强调个性，趋向扬长避短。体育教师必须充分了解学生的体育兴趣、体育特长、体育风格，丰富课堂教学主要内容，创设更加全面的、满足学生多元需求的体育教学活动。体育教师还要确保体育课程因为天气等各类外在因素具有弹性和调整余地，使学生对体育课程内容有一定的选择性。

（二）注重感官体验和空间延展

随着《教育信息化2.0行动计划》的实施，学校也积极引进"智慧体育"项目，以期更好地让学生参与体育运动，培养锻炼习惯，使学生养成终身体育意识。教师应在高效应用信息技术、构建智能信息化体育教学体系中主动作为。

1. 发挥信息技术优势，推进新型感官教学

过去，感官教学指教师通过对实物或直观教具的演示，使学生利用各种感官直接感知客观事物或现象而获得知识的教学方法。现在，教师则可以应用全新互联网教学技术，尤其是VR技术，在室内创设仿真运动场景，为学生提供新型的感官教学，刺激学生的体育学习兴趣。在此过程中，体育教师需优化固有的教学流程，将情景体验嵌入教学环节的前端，让重点教学内容和难点教学内容呈现在多媒体教学屏幕上或者学生"眼前"，并对训练场景进行三维重构，通过还原真实的陪练环境帮助学生制订具有针对性、便捷性的体育训练计划。

2. 整合信息平台资源，打造数字教学空间

在面对体育教学对象时，体育教师必须重视他们对网络教学空间的适应力，整合数字化体育教学资源，打造在线教学空间。也就是说，一方面，教师可以在互联网搜索引擎之上，查找更加全面的教学资源，收集教学资料之中的各类有益信息，快速把握体育学科的教学动向；另一方面，教师可以在互联网教学平台之上发布相关教学资源与教学任务，或者将一部分教学视频与教学课件投放到互联网教学平台之上，同步利用社交软件，与学生平等交流与积极互动，开展在线教学并实时了解学生的学习情况、实时调整教学内容，提升教学效率与教学质量。

（三）注重师生关系和生生关系

随着对素质教育理论研究的深入和认识的不断提高，可知学校素质教育的关键问题就是要突出学生的主体地位，因此，体育课堂必须打破"主客"模式。

1. 转变教与学角色，建立新型师生关系

教与学的角色转变一直是体育教学内容改革落地的关键因素，因此构建新

型师生关系的第一步就是把教师单向的输出转为师生双向的互动。当教师退居"二线"成为课堂的引导者、辅助者、支持者,学生成为课堂主人之后,课堂必然从"一言堂"变身为"群言堂"。教师需要让学生参与课堂内容设计与安排,鼓励学生"发声",并把更多的时间留给学生自主运动与锻炼。同时鉴于班级、学生之间的差异,教师应适度提供导学、导思、导练服务,确保师生"双边"活动顺利进行。

2. 灵活运用"做中学"教学策略,建立新型生生关系

体育课堂的"做中学"往往更容易实现,教师必须更加灵活地选用集体教学、分组教学、个别教学等策略,让学生同质或异质合作,建立新型的生生关系。此时,可以结合学生课堂表现情况以及综合素质能力,实施体育课代表轮流制,设立"体育助教",并弹性、动态组建"优+优"与"优+差"的教学小组。这样既能使学生扬长,在强强对抗中发掘自身潜能,又能使学生互助,在结对帮扶中寻求进步空间,从而营造良好的生生互动氛围,融洽生生关系、师生关系。

例如,在组织开展50米短跑教学活动时,在解说和示范短跑技能要求后,采取分组锻炼的形式,让学生自由组建团队、自制训练计划、完成组内竞赛;当小组训练结束后,各小组进行组间竞赛和成果展示,并要求小组相互点评是否符合短跑规范、是否满足教学要求等;最后结合各小组情况,进行小组奖励和个人奖励,从而再一次激发学生的学习内生动力,促使学生快速感受短跑活动的无限魅力。

第四节 高校体育教学模式的改革

一、体育教学模式的理论阐释

(一)体育教学模式的概念

我国从20世纪80年代开始研究体育教学模式,一些体育科研工作者分别从不同的角度对体育教学模式的概念进行了定义,如表3-2所示。

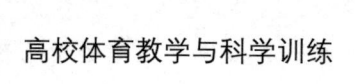

表 3-2 部分学者对体育教学模式的定义

学者	定义
毛振明	体现某种教学思想的教学程序,包括相对稳定的教学过程结构和相应的教学方法体系,主要体现在教学单元和教学课时的设计上
肖焕禹	在一定的教学思想指导下,为完成规定的教学目标而形成的规范化程序,包括相对稳定的教学过程结构和教学方法体系
邵伟德	体育教学模式是指以教学单元为形式的,能够呈现出特定教学思想的相对稳定的教学程序
李杰凯	是蕴含特定体育教学思想,针对特定体育教学目标,在特定教学环境下实现其特定功能的有效教学活动结构和框架
许剑	体育教学模式指的是基于教学思想或教学理论,体育教学活动中各要素相互关联与作用,以动静结合、协调统一的方式,有机构成的整体程序

从表 3-2 可以发现学者关于体育教学模式概念的研究结果并未达成一致,但是从学者对概念界定的结果来看,也存在共性,其共性表现为体育教学模式概念的要素相同或相近。在体育模式概念定义中,各学者均对理论与思想、教学过程与方法、稳定的教学模式进行了研究,且都认为理论与思想是基础、是指导,教学过程与方法是载体。通过以上学者对体育教学模式概念的界定,笔者认为体育教学模式是在一定的教学理论或教学思想指导下,以实现教学目标为目的,以教学单元为载体的具备相对稳定的教学过程结构与教学方法体系的教学范型。

(二)体育教学模式的构成要素

不同的教学理论对教学活动中的要素有不同的界定方式,致使出现了不同的教学模式。对体育教学模式构成要素的认识关系到能否正确运用它的问题。依据不同标准,体育教学模式的构成要素可以用不同的方式进行分类。笔者通过对体育教学模式概念的初步了解,发现体育教学模式不是几个要素的简单叠加,而是体育教学各要素有机结合的完整的教学模式。根据各要素的作用过程,体育教学模式应由以下要素构成。

1.教学理论或教学指导思想

体育教学指导思想是体育教学模式的基础,是体育教学模式实践的导向。体育教学指导思想并不是一成不变的,因此体育教学模式应根据不同教学指导思想进行实践。不同的教学指导思想生成了不同的教学模式,造就了不同教学模式的独特性，也是不同教学模式的区别所在。

2. 教学目标

教学目标是教学模式的核心要素，任何教学模式都要围绕其教学目标展开。教学目标既是教学效果的体现，又是教学任务的目的，是对教学效果与教学质量的检验与评价标准。教学活动在教学目标的导向下，以特定的教学程序与教学条件开展，从而保证良好教学效果的实现。

3. 教学过程

教学过程是教学模式的具体体现，是教学模式的主要构成部分，是教学模式中各个要素相互作用、相互联系的载体。

4. 教学方法

体育教学模式中不仅要有体育教学指导思想，更要有具体的可操作的教学方法。教学方法是教学指导思想的具体表现。根据教学模式的特征，不同的教学模式的教学方法也不尽相同，且教学方法在教学模式中并不是单一的，更多的是在符合体育教学模式特征的前提下共同作用，从而形成体育教学模式的教学方法体系。

5. 教学评价

教学评价是对教学过程中出现问题的反思与改进，从而达到不断完善教学模式的目的。由于不同教学模式的教学过程以及教学方法并不相同，因此不同教学模式的教学评价也要根据教学模式特征进行设定，从而制定相对应的教学评价标准。

（三）体育教学模式的分类

对教学模式的研究源于实现教育目标的需要。由于教育目标内涵丰富、教学指导思想要符合学情的需要，以及教学目的与教学目标要符合教学要求等，形成了体育教学模式的多样化。鉴于体育教学模式的多样性，许多专家根据其侧重点不同对其进行了分类。其中，具有代表性的有：学者毛振明在《体育教学理论》一书中提出的四种成熟的体育教学模式；学者邵伟德在其撰写的《体育教学模式论》一书中，通过"二分法"将体育教学模式分为体育运动技能属性和非运动技能属性的体育教学模式；学者胡庆山从体育教学模式的功能目标和结构两个方向对体育教学模式进行了归类研究；学者邹师在其研究中，从理论、目标、方法、组织、类型五个方面对体育教学模式进行了归类划分。

在对体育教学模式进行分类时，主要根据教学目标进行归类分析，着重对较成熟的体育教学模式进行了分类，如表3-3所示。

表 3-3 体育教学模式分类

教学目标	体育教学模式
传授体育知识、技术、技能	系统学习教学模式、程序学习教学模式、掌握式教学模式、传授式教学模式
发展身心素质，提高能力	发现式教学模式、启发式教学模式、探究式教学模式、目标学习教学模式、问题解决教学模式、领会式教学模式
培养兴趣、发展情感和体育态度	快乐教学模式、情景式教学模式、自主学习教学模式、成功教学模式

二、高校体育教学模式研究现状

（一）我国高校体育教学模式发展研究

2002年教育部颁布的《全国普通高等学校体育课程教学指导纲要》中，明确提出大学体育教育将以培养具有创新精神、体育实践能力，身心健康，适应未来社会发展的高素质人才为宗旨。

秦百里在纲要的指导下，提出了改革新思路：将健康第一的理念融入高校体育教学内容，高校体育教学应以学生自主性学习为方向，高校体育教学的组织形式有待改革，教师运动技能掌握情况在教学中起到重要作用。

侯松分析了高校体育教学模式的特征与弊端，认为高校体育教学模式改革与创新需要提高体育教学质量，而这必须改革传统的教学模式，在实践中充分利用体育教育自身的优势，转化限制条件为有利条件，在教学指导思想、教学目标、教学程序以及方法上，既要遵循体育教学的特殊规律，又要贯彻高素质教育思想，培养和塑造学生的健康素质，体现健康至上的时代精神。

汤春华对高校体育俱乐部教学模式的构建进行了探索，强调以学生为主体、以教师为主导的教学格局；对学生进行积极的引导，彰显学生的个性；加强体育与社会的融合，提高全民健康意识。

李玉玲提出以健康第一和终身体育思想为指导，注重学生能力的培养；明确体育教学目标，合理选择教学内容，充分发挥教师主导与学生主体作用；科学设计课堂教学结构，灵活运用体育教学方法，突出体育教学评价的激励作用。

张秋阳分析了大学体育传统的体育教学模式的特征与弊端，认为大学体育教学模式改革与创新应该树立全民健身、全面发展的意识；调整培养目标，提高体育教育质量；尊重学生的个性发展；构建科学的评价体系。

傅锦涛对俱乐部教学模式构建的必要性进行了分析：可以促进健康体育思想的确立，可以打破传统体育教学模式的束缚，是学校体育教学发展的必然趋势，是传统体育教学内容的补充和延伸，是学生身体素质发展的选择和需要，能够有效解决校园体育与社会体育脱节的问题。

朱志武分析了探究式教学模式在大学体育中的作用：提高学生的学习兴趣；提高学生学习的自信心及凝聚力；可以增强学生的合作意识；有利于体育课程的课后延伸，提高学生课后身体锻炼的热情，使学生的身体素质得到提升；能够使课堂教学氛围变得良好、师生关系融洽并提升学生的学习欲望。

王荣乾认为在大学体育教育训练中运用创造性思维教学模式进行教学，能够激发学生兴趣，有效地营造体育课堂的学习氛围和调动学生的积极性。

刘尚礼认为基于 Mini-MOOC（小型慕课）的 O2O（线上线下）教学模式在大学体育教学中的应用具有较高的实效性，可以提高大学生的身体素质、专项技能水平，促使学生形成良好的体育锻炼态度。该教学模式将校本化的在线课程资源与传统课堂教学进行深度融合，实现了线上指导与线下教学有机结合的课内外一体化教学。这不仅是教学模式的改革与创新，更是实现教学效果新突破的必然选择。

随着国家政策、教学指导思想的改变，高校体育教学模式也会发生改变，学者们在实践中总结教学经验，发现问题。但目前的研究存在一定局限性，往往只注重一个方面，不利于学生的全面发展。所以对高校体育教学模式进行宏观的分析时，不应局限于一点，这有利于高校体育教学模式的不断发展革新，提高教学质量，为高校体育教学模式更好地发展提供帮助。

（二）对国外高校体育教学模式发展的研究

不同的教学背景、教学环境、文化传统和社会环境决定了国内跟国外教学的差异，教学的差异体现在很多方面，如教学思想、教学内容、教学方法等。

郭伟对美国大学体育教学模式进行了分析，认为美国的教学模式呈现多样性的特点，尊重学生的个性发展，课堂气氛活跃，更多地激发学生在课堂上的积极性与创造性，教师的任务就是更多地对学生进行引导。

秦百里在其文章中对德国、美国、日本、新加坡等国家的大学体育教学模式进行了详细分析。德国与美国的体育观念是健康体育和终身体育，这两个观念贯穿了整个大学体育教学的过程，体育观念能够充分反映体育教学理念和教育思想；日本的体育观念是快乐体育，注重学生的自主选择、学生的主体地位、教师的指导能力；新加坡的体育观念是人文体育，教学的主要形式是俱乐部制，这样能更好地体现以人为本的体育理念。他还在文中对这几个国家体育课程的设置以及如何根据学生实际情况、兴趣爱好、人体生长发育规律等不同因素开设相应课程进行了分析。

刁元斌在其文章中对美国、日本、德国、英国、俄罗斯等五个国家的体育教学模式进行了分析。美国动作体育教学模式的特点：使学生发展成完整人，注重学生个性的培养、心智的发展，高校体育还肩负培养顶尖运动员的任务。日本快乐体育教学模式的特点：激发学生情感，唤起学生自主性、能动性，享受体育乐趣。德国的生产型体育教学模式的特点：强调通过体育教学培养学生的国家意识、集体意识，培养具有良好道德及思想意识的人。英国领会式体育教学模式的特点：从整体上全方位学习体育运动项目，改变了以往只追求技能，而忽视学生对整个运动项目的认识和对运动特点把握的缺陷，注重提高体育教学质量。俄罗斯体育教学模式的特点：增进学生身体健康，使身体协调发展，使之获得生活中最主要的活动技能和技巧。

杜炳辉、朱永红、卢文超对美国、日本、俄罗斯大学体育教学模式进行了分析。美国是一个地方分权制国家，教育由各州管理，各州享有决定教育方针和计划的权力。教学强调以学生为中心、以兴趣为中心。日本的教育属于中央与地方合作制，文部省下设体育局，负责全国学校体育工作。日本体育教学模式呈现的特点是强调终身体育思想，尊重学生的自主性、自律性和个体差异，发展快乐体育。俄罗斯的体育教育没有全国统一的教学大纲，由各地区自行规定、编写教学大纲，教学特点是要求学生全面发展身体素质，通过体育锻炼获得生活中重要的技能、技巧和知识。

教学模式的发展是在教学理念的引导下进行的，所以深入了解教学理念能更好地分析教学模式。李欣对国外大学体育教学理念进行了分析：德国，每一学期开始时，大学都会对该学期的体育教育计划进行公示，以期学生根据自身喜好、兴趣、特长等选择合适的体育运动；美国，从学生身心特点出发，促进学生积极进取和团结合作精神的培养，同时加强体育教学内容与社会生活的紧密联系，令学生学有所用；新加坡，重视体育教育对学生心理的影响，其大学体育教学完全采用俱乐部形式，学生可自由选择感兴趣的体育运动，还在校园内营造高雅的体育文化氛围，充分体现人文体育的精神；法国、比利时、奥地利等国家，由于受杜威教育思想的影响，在教学模式方面与美国接近，以学生为中心，重视发展学生的主动性、创造性，培养学生的独立思考能力和表现力、创造力，教师则主要起帮助和辅导学生的作用。

综上所述，学者们对国外大学体育教学模式进行了研究，不同国家教学模式的特点不同，理念也不同。不同的教学思想产生不同的教学模式，如重视技能学习、重视发展学生体力、重视提高学生运动的趣味性等教学思想就会产生不同的教学模式与教学方法。影响教学思想变化的主要因素有很多，包括教学背景、教学理念、教学环境、社会环境和文化传统，其中比较重要的就是社会环境，社会环境的不同对教学模式影响极大。

三、高校体育教学模式运用原则

（一）多元化原则

体育学科核心素养的培养是对学生体育素质的全面培养，其中包括运动技能的学习以及体育品德和健康行为的学习。体育学科核心素养的每个要素的具体目标不同，需要运用不同的教学模式，以更好地发展体育学科的核心素养。

培养体育学科核心素养不仅仅需要一种体育教学模式，还需要综合运用多种体育教学模式。体育学科核心素养三要素可以分别运用适合其发展的体育教学模式，使教学目标与教学模式之间的关系紧密，从而提高实现教学目标的操作性。体育学科核心素养下体育教学模式的运用应遵循多元化原则，促进体育学科核心素养的培养，仅靠运用某一种体育教学模式不能达到促进学生学科核心素养发展的目标。

（二）人文化原则

体育学科核心素养培养的核心理念即以人为本，面向全体学生，实现每位学生的全面发展。因此，体育学科核心素养下运用体育教学模式应遵循人文化原则，在运用体育教学模式时，应该以人为本，注重学生个性的全面发展，注重学生的兴趣、动机和需求，注重突出学生的学习态度，并注重积极培养学生对体育的情感、体育价值观。

在传统的体育学习中，人们对运动知识与技能过于关注，只注重学生是否掌握了运动知识和运动技能，忽视了体育学习的意义。因此在这种模式下，学生没有得到全方位的发展，主体地位并不突出。而核心素养的提出，要求在培养学生体育学科核心素养时，要充分体现学生的主体地位，从学生个体的实际情况出发，凸显"人"的主体地位。因此，教师应对传统的教师教、学生学的教学模式进行改善，更多采用注重学生主体性的体育教学模式。教师通过改变教学过程与教学方法，激发学生的学习兴趣，提高学生自我学习的主动性。教师通过引导来帮助学生解决问题，学生在学习中更多的是与同伴交流以及互帮互助地进行学习。

（三）差异化原则

体育学科核心素养的培养是通过体育教学来促进学生的体育知识、品德、能力的全面发展。由于学生的身心特点、体育基础、接受能力等存在差异，教师的学历、专业知识结构、教学水平、教学风格等存在差异，学校的体育条件和社会环境等存在差异，体育学科核心素养下体育教学模式的运用应遵循差异化原则。差异化原则体现为因材施教，尊重学生的个体差异，让学生得到全面发展，根据不同学生、教师或教学条件等情况运用不同的体育教学模式。

体育教师是体育课堂的设计者和指导者，其业务素质水平以及对核心素养的理解与认知水平都会影响学生体育学科核心素养的培养。不同地区的体育教师对体育学科核心素养以及如何培养体育学科核心素养会有不同的认识和看法。体育教师需要根据自身情况从多种体育教学模式中选择合适的体育教学模式，促进学生体育核心素养的培养。

（四）动态化原则

动态性是事物发展的规律和特性之一。教学活动并不是一成不变的，而是在不断的变化中开展的。在体育教学活动中，教学结构的各个组成要素并不是按照统一顺序——展开的，而是各要素相互作用，按照教学模式规律发挥作用。体育教学活动与其他学科教学活动最大的不同在于体育教学活动是以大量的身体活动为基础的，从而使学生的身心共同发展。体育学科核心素养中运动技能、健康行为、体育品德三要素的发展，是在一个身体练习、动态生成的情境过程中逐渐生成的，具有具身性、情境性的特点。因此，体育学科核心素养下体育教学模式的运用应遵循动态化原则，并及时评价与反馈，发现问题后予以解决；要求在不同的课程类型和不同的内容中，其环节不是固定不变的，应根据要求灵活选择，以确保体育教学模式的有效运行。

四、高校智慧体育教学模式的构建

智慧体育教学模式不是现代信息技术与体育教学两者简单相加，而是在教学理念、教学环境、教学资源、教学内容、课堂组织形式、教学方法和学习方式等方面相互融合。

（一）完善新时代高校体育教学指导思想

长期以来，高校体育教学模式都是以"健康第一、终身体育"为指导思想，高校的体育课堂只是传授体育知识、技术、技能的地方，忽视了"课程思政、立德树人"这一重要的教学思想，造成现阶段高校体育教学的实际效果和功能没有得到充分发挥。

当前，以"健康第一、终身体育、课程思政、立德树人"为育人目标的体育教学指导思想更加符合时代潮流，具有创新性和时代性，弥补了传统体育教学模式的缺失，从而实现全员、全程、全方位育人。

（二）树立以学生为中心的智慧体育教学理念

智慧体育教学理念就是以学生为中心的教学理念，教师充当学习的组织者、引导者和促进者。以学生的学习为中心，充分了解学生体育学习的需求和爱好，及时把握学生体育学习的习惯、态度、方式来调整教学的方法、手段和目标，实现精准化、个性化教学。以学生的发展为中心，鼓励学生积极主动学习，自主探究知识并内化成能力，充分利用智慧化的学习方式进行体育知识和技能的学习，培养学生的体育学科核心素养和发展能力。

（三）制定多元化的智慧体育教学目标

传统的体育教学目标忽略了学生思想品德、心理健康方面的培养，造成了学生在体育精神和意志力培养方面的缺失。智慧体育教学除了体育技能与身体素质的培养外，还需培养学生正确的人生观、价值观以及爱国主义、集体主义、社会责任感；还需培养学生的道德品质、意志力；还需培养学生的体育精神、体育兴趣等。同时，在信息技术的支持下，教师要将教学目标贯穿于课内课外体育活

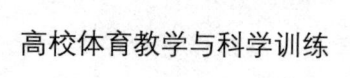

动与线上线下体育学习的全过程中，进一步提升高校体育教学全面育人的效果。

（四）打造以信息技术为支撑的体育教学

一方面，建设智能化的硬件设施，例如，修建智慧化的体育场馆，安装智能化的体育器材、高清摄像头、智能大屏幕、各种智能传感器以及配备各种可穿戴设备等，保障智慧体育教学的实施。另一方面，建设丰富的软件设施，例如，开发各种运动软件 App，在电子文档、图片、视频、PPT 数字化资源的基础上建设微课、慕课、直播课等开放性课程，建设内容丰富的校园智慧体育服务平台等，为智慧化体育教学提供支持。

（五）构建立体的智慧体育教学过程

智慧体育教学过程是线上与线下学习相结合，课前与课后学习相结合，校内与校外学习相结合，现实与虚拟学习相结合的过程。它不仅体现在教学手段上的"智慧"，更突出教学理念的"智慧"。

1. 课前准备

课前学生通过线上自学形成感性认知。教师按照教学要求将本次课的教学内容、教学任务、教学目标等发布到线上，将需要学习的技术动作、练习方法、运动理论知识等制作成多媒体课件、微视频、动画等数字化学习资源上传，让学生提前预习。通过校园教学平台或 QQ 群、微信群推送相关的网络教学视频、训练视频、比赛视频等激发学生的学习兴趣。同时做好线下的教学分组，明确学习任务，设定不同基础、不同体质的学生需要达到的教学目标。通过课前的交流反馈，对线下的教学设计进行完善，使课堂教学更具有针对性。

2. 课中教学

课中教学以线下的实践教学为主。首先，教师利用可穿戴设备设定目标心率、最大摄氧量等运动指标，使学生以小组为单位自行设计活动内容，完成准备活动。其次，在技术动作学习环节，通过课前预习，教师在教学过程中可以少讲解多练习，练习过程中增加针对性的指导。通过高清摄像头对学生练习过程进行录播，投放在智能大屏幕上供教师和学生分析动作、交流互动，活跃课堂氛围。同时利用人脸识别、物联网传感器、可穿戴设备将学生运动中的体征数据上传至云端，分析每个学生的练习密度和强度并投放到大屏幕上，让学生感知运动量的大小。在身体素质练习环节，教师按照教学设计组织练习，学生利用可穿戴设备监测自己的练习效果，通过实时的数据反馈调整动作幅度、频率、强度等，增加科学锻炼的经验。最后，在背景音乐或视频赏析中完成身体放松动作练习，让学生体验到运动的快乐。

3. 课后巩固

课后教学以线上的辅导、引导为主。一是利用媒介平台与学生交流互动，对实践教学中出现的问题进行反馈，以数据为基础优化教学设计。二是依据实践教学数据为每一位学生开出运动处方，制订不同的运动方案与计划，指导学生课后的体育练习，也可通过视频打卡的方式督促学生经常性地参加课外锻炼。三是利用智慧校园平台及时提供校园体育赛事、体育社团活动、体育健身知识讲座等信息，提供国内外体育赛事在线直播、体育健身的网络培训等引导学生积极参与体育活动，在体育锻炼的过程中逐渐形成团结协作、拼搏进取的体育精神。

（六）采用多元化的智慧教学评价方式

首先，教学评价主体不再局限于任课教师和学校，还应有学生互评以及社会人士和专家的点评。其次，教学评价内容除了体育知识和技能外，还应增加学生运动表现、团队合作、沟通交流等内容。再次，教学评价的标准要多元化、多维度，不用一个标准评价所有学生，突出学生的个性发展。最后，建立多元化的智慧评价方式，一是线上和线下相结合评价，通过线上大数据收集与分析得到的数据，结合线下学生的学习表现完成教学评价；二是教学结果与过程相结合评价，通过学生学习过程中的态度、习惯、方法等表现，结合学习效果进行评价。

五、高校智慧体育教学模式的实施路径

（一）加大高校体育教学经费投入

新时期高校体育教学场地和器材短缺是制约体育教学模式创新与实施的主要因素，教学场地和器材短缺的主要原因就是国家对高校体育教育教学的经费投入不充足。加大高校体育教学经费的投入可以有效推动高校体育教学模式的创新发展，从而提高学生自我积累和自我发展的综合能力，实现体育课程学习的自给自足，从而促进高校体育教育教学产业的健康有序发展。加大高校体育教学经费的投入是开展高校内部娱乐文化活动的基础，高校内部娱乐文化活动在21世纪

不仅需要先进的体育教育教学设施，而且需要具有专业技能的人力资源支持，然而各个方面的支持都离不开加大高校体育教学经费投入的保障。各大高校只有具备充足的体育教学经费，才能更好地保证高校内部体育娱乐文化活动的有序开展，进一步引导高校学生找到适合自己的体育活动和兴趣，养成坚持锻炼身体的好习惯。

（二）挖掘校园智慧体育文化内涵

第一，高校要以智慧校园建设为基础，加大投入，完善智慧体育文化环境，以器材智能、服务智能、管理智能的体育环境服务全校教职工、学生，实现校园体育健身自由"智"在的文化氛围。

第二，高校体育工作主管领导、工作人员、一线教师、学生群体要认识到信息技术对体育教学、科学健身的重要作用，在校内积极倡导智慧体育文化的培育与传播，并主动参与实践，塑造校园智慧体育文化氛围。体育教师要树立智慧体育教学观念，在课内课外、线上线下营造智慧体育学习的环境，使学生在浓郁的文化氛围中得到锻炼、体验和升华。

（三）打造智慧的体育教学环境

高校要以校园信息化建设为契机，支持和保障智慧化体育场馆、智能化健身器材等硬件设施的建设，引进智能化的体育教学设备，对现有的教学设施进行更新换代、智能升级，配套物联网智能硬件设备，通过通信技术、网络互联，实现智能硬件场馆覆盖，并实现在线管理和数据化管理，同时加大智慧化校园体育服务平台和各种运动软件的开发。另外，高校应制定相关的政策措施，着力培养既懂信息技术又懂体育教育的教师和管理人员队伍，为智慧体育教学改革提供人才支持。

（四）构建校园智慧体育服务平台

校园智慧体育服务平台是以体育教学、管理和服务为核心，集教学、训练、竞赛、体质监测、体育健身、社团活动等模块为一体的信息服务平台。通过体育资源创新性应用，实现更广泛的体育参与和更立体的体育传播，高度信息化支持学生体育技能学习、体育兴趣培养、体育习惯养成。校园智慧体育服务平台的内容主要包括校园体育资讯服务、体育课表与成绩查询服务、体育社团管理服务、体育场馆预订服务、体质监测、科学健身等。

校园智慧体育服务平台建设的途径有三个：一是由教育主管部门统一进行平台的研发，再交付于高校无偿使用；二是由社会专业的机构或企业进行开发，交与高校有偿使用；三是学校集中力量，协调资源自行研发建设，如华中师范大学的"华大sports"移动应用平台、清华大学的"At Tsinghua"平台等。

（五）建立智慧的教学管理措施

一是场地器材的智慧化管理。及时推送智慧场地器材的使用方法和注意事项，提前预约上课场馆和教学器材，运用二维码、人脸识别等进行器材设备的发放回收等。二是教学过程的智慧化管理。按照学校要求在后台实时、动态、全程地监督和管控，严格要求课堂纪律和教学秩序，对教学过程实施远程协助，防止意外事故的发生。三是教学质量的智慧化管理。依据教学过程反馈的数据对线上线下的教学课堂、开发的教学资源、教学的效果进行分析和评估，形成客观准确的评价并提出整改措施，及时推送给教师，使其不断改进与完善教学。

（六）开发一体化的体育混合式教学模式

传统的高校体育教学通常以教育者为核心，重视学生的体能，却不够重视学生个体的体育锻炼需求，不利于学生的体育素质长久发展。"互联网+"背景下的一体化体育混合式教学模式可以改变传统高校体育教学的上述问题，"线上教学+课堂教育"能够实现优势互补，在发挥教育者引导、监督作用的同时凸显学生的学习主体地位。与此同时，一体化体育混合式教学模式具备更强的兼容性，使学生的体育能力得到全面提升，更利于培养学生的体育兴趣和体育习惯，更利于学生树立终身体育观。值得一提的是，一体化的体育混合式教学模式可以更好地融入多元化的教学方法，引入各种丰富的教学资源，教育者可以根据学生的个体差异制定科学的因材施教内容，更好地满足学生体育锻炼的需求。

总之，构建智慧体育教学模式能够使体育学习资源更加丰富，学习目标更加明确，学习方式更加方便，师生互动更加频繁，教学手段更加多样，学习兴趣、学习参与度与学习效率更高，使高校的体育教学改革走在时代的前列，未来可期。但由于教学过程中存在很多不确定的因素，使得智慧体育教学模式仍然处于探索和发掘阶段，需要进行系统深入的研究与持续的实践。

第五节　高校体育教学评价的改革

一、对体育教学评价的理解

（一）体育教学评价的特征及趋势

体育教学评价的特征及趋势可以概括为一个"一"和三个"多"。一个"一"指的是一致性，即评价目标与教学目标的一致性；三个"多"分别指的是多面性、多元性和多样性，即评价策略的多面性、评价指标的多元性、评价形式和方法的多样性。

（二）体育教学评价的理念、目的与方法

1. 体育教学评价的理念

在素质教育思想的指导下，结合体育教学评价的原则，对体育教学评价的理念进行更新是势在必行的。素质教育倡导全体性和全民性，主张能力和素质比知识更加重要，将学生综合素质的培养作为工作重心。基于此，体育教学评价应该遵循以下三个原则：其一，不以单一的测试结果作为最终的价值判断；其二，评价的视野要广泛，面向每一个学生，更多地注重学生的进步；其三，评价的尺度应该由全体学生必须达到的基础标准和促进学生个性发展的具有梯度差的标准组成。

由素质教育思想形成体育教学评价的原则，这是体育教学评价理念更新的依据，具体理念表现在两个方面：一方面指体育教学评价坚持"促进效益""服务于培养人才"，也就是说，体育教学评价应该从简单化的结果赋值深入到促进体育教学效益落实的层面，以期为培养人才的总体目标服务；另一方面指体育教学评价坚持"学生的内在体验大于外在评判标准"，学生作为体育教学的主体，只有尊重学生的内在体验，体育教学评价才可能趋于真实。

2. 体育教学评价的目的

人的实践活动以目的为依据，目的贯穿于实践过程的始终。体育教学评价

这一实践活动根据自身需要，借助意识、理念的中介作用，其目的可以概括为四点："了解""判断""促进"和"培养"。"了解"指的是了解学生的学习成绩与表现，以及达到学习目标的程度。"判断"指的是判断教师和学生在现阶段存在的不足并分析原因，以便及时做出改进措施。"促进"指的是给教师和学生提供展示机会，从而有利于学生个性发展，鼓励和促进教师和学生的进步发展。"培养"指的是培养学生正确认识自己和评价自己与他人的能力，达到自我教育和相互教育的效果。

3. 体育教学评价的方法

体育教学由"教"和"学"两部分组成，是教师和学生共同参与、共同进步的动态循环系统。对体育教学的最终评价结果是由多种因素构成的，因此，评价方法也多种多样。在这里，笔者将体育教学评价的方法分为两部分进行阐述：教的评价方法和学的评价方法。

（1）教的评价方法

主要包括领导评价、同行评价、学生评价和自我评价，四种评价方法相互参照、相互补充。领导评价即通过组成领导班子，定期或非定期地对教师的教学效果和教学行为进行评价，主要采用听课、检查教师教案或学生作业、召开座谈会、发放问卷等方式。同行评价即"通过具有相同教学经历的同一教研室、年级组的教师对待评价教师的学科知识掌握程度、最新学科研究成果前沿的触碰程度、课堂教学所承担的责任等进行判断，主要是采用听课和讲座的方式"。学生评价即"通过教学活动的主体——学生对教师进行评价，这种方法较有说服力，近年来受到支持，有利于师生沟通，为防止引起师生关系的不和谐，主要采取匿名书面描述、调查问卷等方式"。自我评价即教师本人对自己的教学进行分析、反思，然后做出恰当的自我判定。

（2）学的评价方法

最基本的方法是考查和考试，以纸笔测验为主，其本质是量化评价。但是，随着评价方法的人性化、多元化发展，已经出现了"实作评价、动态评价、直接评价、档案评价、真实的评价"等方法。实作评价的具体步骤：让学生在真实情景中去显现自己所学的知识与技能，要求学生完成一项活动或一个作品。例如，在健美操教学中，让学生利用课中所学的基本功，自己编排一套健身操。动态评价是一种过程性评价，集评价与教学为一体，采用"前测—教学介入—后测"的方法持续地对学生的学习行为进行判断，以期判定学生的可塑程度，进而寻求激发并维持学生认知功能积极变化的途径。

二、高校体育教学评价存在的问题

（一）理论知识大于体育实践

理论知识是指导体育教学实践的基本前提，实践又是理论知识积累的重要手段。目前，最为明显的问题是教学中理论知识大于体育实践，实践流于形式，不能将理论与体育实践有机地结合起来，致使体育教学评价体系存在漏洞，导致高校体育教学评价效果较差。

（二）体育课程设置相对单一

笔者通过调查发现，一些高校还存在体育课程设置相对单一的问题，课程主要包括足球、篮球、排球、田径、健美操、乒乓球以及武术等，而深受广大学生喜爱的、时尚型的轮滑、跆拳道、瑜伽、网球等课程则鲜有设置。由此会使一些学生的体育学习兴趣降低、积极性不高，导致其学习效果不佳，进而影响高校体育教学的整体效果。

另外，由于课程科目设置过少，造成学生选课难，甚至有的学生从入学到毕业也未能选到自己心仪的课程，从而降低了学习的积极性，影响体育学习的效果，致使体育教学评价不能有效而全面地体现学生的学习效果和技术水平，不利于学生体育技能的发展。

（三）体育教学评价模式过于落后

虽然一些高校在体育教学过程中引入了多媒体教学设备、体育器材，设置了专业的体育活动室，但忽略了教学评价的协同进步发展。相较于课堂教学的现代化建设而言，教学评价的现代化建设明显落后，难以抓住新时代的发展机遇，且难以充分运用新科技、新元素构建全新的教学评价模式。

（四）体育教学评价主体过于单一

大部分高校体育教学评价以校领导、学生为评价主体，体育教师在考核评价过程中的客观性与主体性明显不足，过于主观化的评价影响了评价效果。加之教师自我评价、相互评价的缺失，进一步加剧了教师教学评价的传统行政管理式问题，容易出现评价不合理、不公平的情况，从而形成恶性循环的教学评价。

（五）教师对学生体育学习成绩的评价过于片面

学生的体育学习成绩是检验体育教学效果的重要指标，伴随着素质教育的全面普及，学生体育学习成绩的评价内容已从单一的技能测试转变为集专项技能、体质健康测试、日常表现等于一体的综合性评价内容。笔者通过调查发现，有些高校学生体育学习成绩的评价过于强调专项技能与体质健康测试这两项内容，而对于学生日常表现评价的关注度则相对较低。很多学生在专项技能考试以及体质健康测试上取得了较好的成绩，但日常表现分数较低，却取得了优秀的最终成绩。这样就导致学生体育学习成绩评价存在一定的片面性，评价没有考虑综合情况，不能体现体育教学评价的效果，背离了教学评价构建的初衷。

（六）评价标准制定偏离学生实际的现象明显

笔者通过调查发现，一些高校体育教学评价标准的制定具有明显的主观性，脱离学生的实际情况。例如，在篮球定点投篮的考核中，达标成绩设置过高，有的学校要求投篮命中率达到100%才能获得满分；而在具体的实施过程中，达到这一标准的人数比例极低，尤其是女生，几乎没有人达到这一标准。这就造成了一些学生对篮球学习存有恐惧感，或因为无法获取理想成绩而滋生"及格万岁"的消极思想，进而对教学效果产生严重的影响。

另外，体育理论知识的学习是培养学生体育综合素质能力的重要内容，而就目前某些高校体育教学评价内容的设置来看，体育理论知识的考核几乎没有明确要求，而且有些教师在教学中对理论知识的传授存有轻视或忽略的现象。这也影响了学生体育综合素质能力体系的构建，从而对学生终身体育思想的培养与发展产生严重的负面影响。

（七）体育教学评价体系的构建缺乏科学性

建立科学的体育教学评价体系必须具备质量评价方式、评价内容与受评对象多元化等重要内容。笔者在实地调查中发现，某些高校体育教学的质量评价方式单一、评价内容比较单薄，科学性不够。学校的评价考核内容，通常只是在课堂上传授的知识和学生本学期学习的内容，学生在体育学习中的意志与情感被忽略，导致一些学生的学习热情不高。

（八）体育教学评价管理方式缺乏灵活性

在高校体育教学中，教师为了保证体育教学的公平性，通常情况下都只会采用同一种考核与评价方式，在同时、同地对学生的最终体育学习效果进行考核与评价。公平性虽然得到了保证，但是忽略了学生之间的个体差异。每个学生学习体育内容的起点不一样，可能同一个动作有的学生练习了几次就已经掌握了，但是有的学生却一直完成得不好。正是这种运动性格、素质基础的差异，需要教师灵活采用评价手段，对那些素质基础较差，但在学习中积极努力的学生给予肯定与鼓励。

三、高校体育教学评价体系的构建策略

（一）遵循基本原则

高校体育教学评价体系是针对教师和学生群体，包括教务管理部门等在内的综合性体系，因此在构建过程中必须坚持相对应的原则：①要坚持全面性原则，也就是在确立框架主体的基础上，对评价内容进行细化，确保评价指标选取的全面性，在保持一定层次的基础上，避免出现指标相似或重复的现象，确保指标内容与教学过程特征相一致。②要确保评价体系的可实施性，也就是各项指标内容要能够具有量化的标准，指标所指向的内容清晰，在评价时能够尽量避免主观因素的影响。③要确保指标量化结果能够满足数据分析体系的要求。在大数据时代，进行数据分析的基本前提就是要收集到准确合理的数据，数据内容与数据分析体系要能够对应。④要确保评价数据在分析结果中能够展现出学生的个性特征。进行体育教学评价体系的构建，目的在于发现学生的个体差异，为教学研究水平的提升提供数据支撑，因此必须确保分析结果能够体现个性特征。

（二）优化学生评价体系

目前，高校体育教学对学生的评价主要包括期中、期末检测，平时体育作业，体育课堂出勤，体育课堂日常表现等方面，学生评价的全面性仍旧有待提升，尚未重视学生各项能力的协同发展。大数据应用背景下的学生评价体系优化工作，增加了对学生自主探究能力、合作学习能力、大量信息处理能力、创新能力、创造能力等各项能力的综合考评。

例如，教师在课堂上可借助视频回放技术，为学生提供自我评价的参考依

据和机会,与学生一起完成实时性的教学评价工作。直接使用大数据技术分析并快速得到评价结果,将结果直观清晰地呈现出来,便于学生了解体育学习情况。

又如,学生可以将自己的学习计划上传到班级体育教学网络平台,及时更新学习计划完成情况,反馈学习问题,便于教师获取学生体育学习情况,针对学习问题进行针对性指导。

此外,学生家长也可以在大数据应用的助力下,动态掌握学生在校体育学习现状,不应只通过体育成绩单评判学生的体育学习情况,而是应全面了解学生综合能力的具体发展,积极参与到对高校体育教学的关注和评价过程中。

(三)改进教师评价体系

很多高校依据体育比赛荣誉、教学事故情况、班级优秀水平等对体育教师的工作进行评价,存在片面且过于注重结果的问题,极易打击体育教师的工作积极性。因此,可应用大数据有效改进高校体育教师评价体系,丰富评价方式和评价内容,在具体实践中可从以下途径入手。

其一,鼓励教师运用云系统、大数据的各种数据信息进行自我评价与深刻分析,明确教学活动是否可行、教学内容能否满足学生需求、体育训练难度是否适宜,在评价与分析反思中不断优化改进体育教学工作,做到对体育教学的灵活、合理调整,为今后的教学改革创新带来更多经验和依据。

其二,通过网络平台了解体育教师的教学实况,有利于教师之间进行相互评价,有助于彼此学习借鉴。家长也可以观看教学实况,给教师的教学工作提出建议,参与到对教师的教学评价中,进一步提升教师评价的真实性、全面性、客观性。

(四)注重评价内容的全面性

科学的评价指标和全面的评价内容是促进高校体育教学健康发展的一个重要基础。在之前,主观化的评价方式和评价内容是整个体育教学评价的主要内容,主观臆断的内容,再加上没有数据的支撑,体育教学评价就成了一个流程化的形式过程,因此很多教师也不会在意这些评价,学校也大多不会因为这些评价而采取什么样的措施。大数据时代的到来,使高校体育教学评价的各项指标更加具体,丰富评价内容也可以让教师更明白自己的短板在哪里、优势在哪里,从而不断发挥自己的优势,优化自己的短板,保证自己的全面发展,最终促进体育教学的全面健康发展。

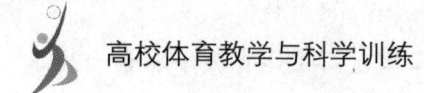

（五）突出发展性评价

大数据是不断革新变化的，高校体育教学评价融入大数据应用后，也要突出发展性评价的特点，改变过去终结性评价的传统模式，不再盲目追求体育考试合格率。通过发展性评价持续提升学生的身体健康素质与心理健康素质，动态了解并分析学生的体育学习情况，依据大数据进行分层教学，针对学生个体差异设计差异化教学内容及差异化考试要求，实现过程性评价与结果性评价的完美结合，增强教学评价整体效果。

第四章　高校体育教学策略与设计

本章分为高校体育有效学习与有效教学、高校体育教学策略与课堂教学设计、高校体育学习认知风格与差异教学三部分。

第一节　高校体育有效学习与有效教学

一、高校体育有效学习

（一）有效学习的定义

有效学习是相对于被动的、无意识的学习和低效率学习而言的，它是指能够成功地实现预计的学习期望并取得较好学习成果的过程和行为。有效学习的内涵中有三个重点内容：从学习的进展以及成长方面来注重学习的效果；从学习的综合实践能力和运用能力来注重学习的效用；从学习所用的时间和获得的效益来注重学习效率。

笔者通过对文献的查阅和整理将有效学习的定义分为以下三类。

第一类是从学习态度、过程以及结果来看，学生主观意愿上想进行学习，学习过程中有足够的能力掌握需要学习的知识，并能学会如何学习。

第二类是从学习能力水平的层次上来明确，让学生不仅能够在预期时间之内完成目标，并且能够熟练地掌握其运用方法，在类似的场景中举一反三。

第三类是要重视学生在学习的需求程度、学习方法和习惯上的个体差异性，达到个体预先期待的学习目标并实现符合个人特征的有效学习。

这三类定义中都很注重学习目标，也就是说在学习之后要能将自身储备的知识和具备的技能融会贯通到遇到的问题当中。

王玲玲在学生心理发展因素的相关研究基础之上，从过程和结果两方面分别对有效学习进行了阐述。她认为在科学有效的学习指导策略下，在学习过程中投入最短的时间获得最大的学习收益，体现了在学习过程层面上的有效学习；在学习过程当中能够掌握相关的知识技能，并且通过不懈的努力能够将这种能力提高，即学习能力上得到发展是在学习结果层面上的有效学习。

总之，有效学习指的是教师通过有效的科学性指导和专业性指导，能够让学生主观上产生想学的动机，学生主动制订学习计划，规划学习目标，并且自主选择资源和学习方法，运用科学的调控、合理的评价，在学习过程中优化和提高学习能力，推进积极情感体验的学习。简而言之，有效学习是指学生自身通过理解性、体验性、情感性的学习提高学习能力从而优化学习结果。

（二）有效学习的理论基础

1. 哲学基础——后现代主义哲学观

后现代主义哲学观尊重学生的主体作用，强调学生参与，是有效学习的哲学基础。后现代主义哲学认为没有绝对中心地位的主体，主客体之间是相对的，是交流互动的。传统教学理论强调教师的权威和主体地位，但是在后现代主义哲学观点下，教育过程是一个生态圈，教师和学生互为主客体，需要关注学生的主体性参与。后现代主义关注学生的自我意识，强调发展学生的创造性。后现代主义认为学生的发展是内外因相互作用的结果，学生意识到自我的主体作用并积极主动参与学习过程对学生的成长和发展具有重要作用，教师与学生相互合作、学生积极主动参与建构才能有效获得新知。

2. 心理学基础——社会建构主义学习理论

社会建构主义学习理论是在维果茨基的历史文化心理学理论和皮亚杰的认知发展理论基础上发展起来的。社会建构主义学习理论认为知识来源于社会意义建构，是学习者通过自身认知以及个体间的相互作用而建构的。个体与社会是相互联系的，社会情境对学习者认知与发展具有重要作用。学习是个体在社会情境中进行有意义的社会协商，拥有不同先进知识经验的学习者进入同一社会情境，就需要通过学习者之间的交流合作，对知识进行意义的理解、建构和磋商。在学习过程中，不但要尊重个体的主动性，更要重视学生与环境的良好互动。有效的学习是在个体与环境中的他人合作和协商过程中发生的。

3. 教育学基础——学习性投入理论

近年来，国际上的教学研究成果导向要求注重学生的学习成效，关于学生学习有效性的讨论不绝于耳，学习性投入理论进入高等教育研究者的视野。在融合泰勒的"任务时间"、佩斯的"努力质量"、阿斯汀的"学生卷入"、汀托的"社会与学术整合"、齐克林和甘姆森的"本科教育阶段有效教学七项原则"、帕斯卡雷拉的"变化评定模型"理论的过程中，乔治·库提出了学习性投入理论。学习性投入就是测量学生自身投入有效学习活动的时间和精力，以及如何看待学校对学生学习支持力度的概念。因此，学生学习性投入受到自身因素以及学校环境、支持力度等外部因素的影响，即学校如何通过配置资源、开展活动和提供服务等实践来引导学生将时间和精力投入有效的学习活动。

（三）有效学习的国内外研究

1. 有效学习的国外研究

国外对有效学习的研究基本都是从教学方面的相关内容着手，或者通过一些特定的模式进行研究的，比较重视教师的有效教学对学生有效学习的影响。以美国的默塞尔为代表，他将学生作为学习活动开展的中心，以教学结果作为学习有效性的判断标准。他认为如果教学结果较好并且能够长久地保持，就能够增强学生在生活中的自信心和运用知识的能力，这样的教学才是有效的教学，才能促进学生有效学习。国外对于有效学习的研究主要有以下几个方面。

（1）新媒体技术支持下的有效学习研究

美国中部地区教育实验室将学生有效学习的特征与条件在新媒体技术支持下进行了生动的描述，他们认为学生和教师都需要将自己的本职工作做好才能促进学生有效学习。他们将学生与教师的角色和职责进行了分类，如表4-1所示。

表4-1 有效学习过程中学生与教师的角色和职责

学生的角色和职责	教师的角色和职责
信息的探索者	学习的支持者
知识的建设者	学生学习的向导
认知方式的练习者	学生学习中的合作者
学习过程的自我管理者	课程和科学研究的设计者
担任教师的职责	持续进取，寻求专业成长

（2）新型教育模式下的有效学习研究

MOOC（慕课）是可以容纳成千上万学习者互动参与，以通过网络媒介开放课程资源为主要目的的在线课程。这种新型在线课程模式既能提供图文、视频等相关的传统教学资料，又能提供一个交流平台为学生和教师的交流互动营造良好的环境，把具有相同的学习目标、兴趣和知识储备的成千上万的学生组织起来。这种在线课程可以有效地辅助和补充学生在传统课堂的学习，提高学生学习的有效性。

西澳大利亚大学通过斯坦福大学的 Class2Go 平台（用于向校内外的师生发布相关的课程），采用了一种全新的教学方式——翻转课堂教学模式，使学生可以在课余时间了解课程的主要内容，课堂上也增强了与学生的互动，使学习变得更有活力，大大提高了学生参与的积极性与学习的有效性。

（3）有效学习的层次研究

对于有效学习的层次研究，美国俄克拉荷马大学的迪·芬克教授在他的著作《创造有意义的学习经历：综合性大学课程设计原则》中对布卢姆学习分类的一些缺陷和不完善之处做了相应的补充，并且提出了他自己的一些观点和看法。

迪·芬克从六个层面阐述了有效学习的目标，他认为这六个层面是层层深化的，其中主要内容如下：第一，在基础层面上，要能够夯实基础知识，形成完整的基础知识体系；第二，在应用目标上，要提高学生对所学知识的实际应用能力；第三，在整合目标上，能将所学的知识与其背后所隐含的思想、环境、任务及条件等进行整合并建立联系；第四，在人文层面上，要掌握人文道德中的基本准则，并且从人文道德的视角分析问题；第五，在关心层面上，要能持续保持学习探究的动力与兴趣；第六，在学会学习层面上，要能够提高学习能力。

2. 有效学习的国内研究

（1）有效学习的理论研究

国内的研究者对于有效学习的理论基础研究成果，主要有建构网络有效学习的理论模型、有效学习理论基础的研究、社会认知理论的自我调节理论和有效学习研究等。张立国、刘晓琳从网络有效学习的角度着手，以有效的网络学习环境为支撑，以循环网络有效学习为核心，从激发学生学习动机的角度对网络有效学习进行规划。他们从监控、评估和纠正网络有效学习行为，网络有效学习策略，产生的学习成果以及反馈学习成果等方面构建了网络有效学习的理论模型。这个模型不仅为网络交互建设提供了理论依据，而且为各环节有效交互的探讨提供了研究框架。

王冰基于社会认知理论的自我调控相关学习模式，对课堂学习的相关环节进行了研究和分析，认为有效学习既指学习过程，也指学习结果。教师针对不同程度的学生实施差异化教学，并合理地在教学活动当中运用强化，再结合有效的课堂管理就能达到促进学生有效学习的目的。

（2）有效学习的策略研究

邵陈标通过对新课程改革目标的分析，解读了教学目的是能够帮助学生有效学习的教学理念，分析了教师和学生的低效沟通以及低效或无效的课堂教学，确立了有效学习的基本要素，并且从预想和生成两个不同角度对学生更好地实现有效学习提出了相关策略，即教师利用有效的教学设计和灵活有效的教学方法来促进学生学习的有效进行。

徐波锋、李斌为探究学生最大化的有效学习，从学生有效学习的方法、路径和措施，以及不同的教学模式对在线学习者有效学习的影响问题进行了深入探究和分析。他们认为网络学习环境中的有效学习，对学生学习的积极主动性具有较高的要求，学生在具备较强的自主学习能力的前提下才能在无论是实时还是非实时的教学过程中，取得更好的学习效果。

王斌以促进学生有效学习为基础，结合生物学科相关的知识特点设计了较为有效的课堂教学措施。他认为学生的学习过程包括四个环节，即学习知识、思考知识、复习知识以及运用知识。根据各个环节的特征开展教学，并采取相应的有效教学策略才能促进学生有效学习。

（3）有效学习行为的研究

国内学者关于有效学习行为的研究成果主要包括以下四个层面：一是对于有效学习行为实质以及特点的研究；二是关于有效学习行为的类别研究；三是影响有效学习行为的因素研究；四是改善不良学习行为的研究。

向葵花明确了学生学习行为研究的巨大价值，并在梳理学生学习行为相关概念的前提下，确立了学生学习行为的"对象—操作—结果"三维分类框架，并且对当前中小学生发生学习行为的情况、日常生活态度和发展情况进行了调研，提出了提高学习有效行为的条件和建议。

宋志燕、梁彦清探讨了学生学习信念、有效学习行为和学习动机三者在理论层面上的关系，并指出学生的学习追求深深地影响了学生的学习动机和有效学习行为，教师应该帮助学生明确坚定的学习追求，从而引发学生的学习动机，才能促使学生做出有效学习行为。

邱九凤对学生出现低效性学习行为的相关原因进行了分析，认为在传统的课堂学习过程中，学生座位布置不当、教学形式不新颖、作业布置没有考虑学生的差异性、学生学习态度不端正等都导致了学生学习的低效，为此提出了改进意见和建议来提高学生学习行为的有效性。

黄丽娟通过在课堂上对一个学习效率低下的学生进行细致的观察，发现了在学习过程当中他与其他学生之间存在的课堂行为表现差异，分析了其注意力不集中的原因，并对此提出了一些教学方案的改进建议。

（四）促进体育有效学习的对策

1. 丰富体育学习内容

1992年，斯坎伦和西蒙斯提出了一个体育活动投入模式，认为人们对体育活动的投入取决于体育活动本身的娱乐性、进行各种选择的可能性、个人资源的消耗、不断参与过程中遇到的机会以及参与体育活动时的社会限制等因素。从这个模式中可以看出，人的情感在参加体育活动时是有任务定向的，就是希望参加体育活动能使自己获得更多的乐趣。这说明，体育教师在实际教学中应该通过丰富教学内容、变化教学形式，如组织游戏、比赛、分组合作等多种教学形式来营造轻松愉快的课堂氛围，使用音乐伴奏、投影、录像、多媒体等现代化教学手段来提高学生的学习效果，尽量满足学生利用体育来愉悦身心的需要。当学生的情感需要得到满足后，就会激起对体育学习的兴趣和参加体育活动的自觉性，学习效率自然就会提高。

2. 引导学生对体育成败进行正确归因

韦纳在归因理论中指出：把成功归于内部控制的原因（努力、能力），会使人产生自信和能力感；把失败归于内部控制的原因，则会使人产生内疚和无助感。把成功归于稳定的因素（任务容易、能力强），会提高一个人的学习动力；把失败归于稳定的因素（任务难、能力差），会降低一个人的学习动力。把成功归于不稳定的因素（运气或努力），则可能提高或降低一个人的学习动力；而把失败归于不稳定的因素，则可能提高一个人的学习动力。体育教师要根据归因理论，帮助学生对学习成败进行积极归因：经常指导学生把失败归于内部控制的不稳定的因素，即努力不够；尽量避免把失败归因于内部控制的稳定的因素，即能力差。

二、高校体育有效教学

（一）有效教学的含义

改革开放以来在中国新课改启动后，有效教学成为我国教育领域改革的关键词与重要研究议题。

有效教学的含义始终处于变化发展中，其定义未尽一致。一般而言，有效教学由"有效"和"教学"两个语词构成。所谓教学，即教师引起、维持或促进学生学习的所有行为；所谓有效，即教学有效果、有效益、有效率。因此，当前学界从语义构成视角、理解层次视角、学习和发展视角、有效无效视角等对有效教学的概念进行界定。

具体而言，关于有效教学，国内学者往往关注教学效果、教学效率、教学效益的统一。在借鉴国外研究成果的基础上，国内学者对于有效教学的观点集中在以下三个方面。

第一，沿用经济学上的效果、效率和效益的概念解释有效教学，认为有效教学有三种意蕴，即有效果、有效率、有效益。有效果，即教学活动所实现的与预期目标相吻合的结果；有效率，指教学所取得的效果（教学产出）与教学过程中师生时间、精力消耗（教学投入）之间的比值；有效益，指教学所实现的结果与社会和个人的教育需求相吻合的程度。

第二，强调有效教学要符合教学规律，认为有效教学是教师通过教学过程有效性即符合教学规律，成功引起、维持和促进了学生的学习，相对有效地达到了预期教学效果的教学。

第三，以学生发展为取向，强调学生学习结果的实现，认为有效教学是能够有效地促进学生的发展、有效地实现预期教学结果的教学活动。

实际上，有效教学在概念内涵上具有观念与行动两个维度，前者指的是一种教育教学观念，后者指的是呈现教学过程及检验教学效果的策略、方式与手段。

因此，有效教学的含义应兼顾上述两个维度，展现出教学在观念、形态过程与效能上的统一。在这一层面上，可以从广义角度理解有效教学，即教师通过有效的教学过程，引导学生参与其中，最后相对有效地达到了预期教学效果的教学。

（二）有效教学的理论渊源

有效教学的理论来源于西方，某种程度上是"教学是艺术还是科学"这一教学观念之争的产物，理论建构多元。引入中国后，这一理论逐渐具有本土化的理论建构自觉，呈现出适应中国教育发展的理论面相。可以说，有效教学理论与教学实践密切相关，是一个变化发展的理论，被认为是具有"历史发展性的、与时代同步的、内涵不断丰富变化的、动态的现代教学理论"。

有效教学理论涉及的主要是教学的有效性问题，是直接导源于教学实践的理论，旨在解决教学实践中存在的低效或无效现象，这也是有效教学的实质。在教学情境中，有效教学解决的主要问题是如何通过教师的有效教学活动或过程，引导学生真正参与到教学实践中来，有效掌握学习到的内容，加以灵活运用，并有能力解决相应的实际问题。

可以说，不同时期的人们都致力于追求教学的有效性，尝试从实践中总结出理论，从而形成了对教学有效性问题的理论探索，最终形成了有效教学理论。

（三）有效教学的特征

1. 主旨设定在学生的全面发展之上

有效教学以推动学生的全面发展，提高学生的学习效率为根本目的，如果不能在这两个方面发挥教学的作用和价值，教学就不可能是有效的。有效教学一定是以促进学生的全面发展为根本的，判断教学是否有效的最基本标准为学生有无进步、有无实现全面的发展。有效教学既重视学生学习知识，又重视培养学生的能力和提升学生的身体素质、社会适应性以及情感素质。

2. 教学目标明确且准确，具备弹性

课堂教学之核心与灵魂为教学目标，教学目标指明了教学活动的方向。教育理论、教育实践无不证实有效教学一定是建立在有效教学目标之上的，有效教学目标不但要明确，而且要准确。准确的教学目标以推动学生的全面发展为基础，不但重视传授知识，而且关注知识运用能力、思维创新能力。教学目标只有高度准确和明确，才有现实的可操作性和可评价性。有效的教学目标还应具备弹性，也就是按照学生所处的学习水平、具体的认知结构和学习动机，因人而异，予以层次化的、差异化的设定。

3. 目标全面，且内部具有协调性和整体性

有效教学不但要传授好知识，同时要重视培养学生的自学能力；不但要发展学生的智力，还要锤炼学生的体力；不但要培养学生健全且高尚的人格，还要注重提升学生的综合素养，张扬个性。要将知识能力、情感态度、过程方法等各个方面有机统一起来，不缺失任何方面。

4. 教师予以充分准备，进行科学组织

教学活动一定是在目的引导下，按照计划严密地展开，这是有效教学所必须具备之先决条件。在教学过程中，备课为第一环，在充分准备的基础上备好课，而后才能将课上好，才能将学生的学习兴趣充分地激发出来，将学生的学习主动性充分调动起来。

5. 教师讲解清晰，教学热情且饱满

对于教学的内容，教师一定要讲解清楚，使学生在正确理解的基础上牢牢把握相关知识，并学会迁移利用，这样的讲解才算是清晰的讲解。诸多的研究、广泛的实践告诉我们：清晰明了的教学活动有助于实现更好的学习成效，有助于学生学习质量的提升、学习成绩的拔高，所以有效教学以教师清晰、热情、饱满的讲解为重要特征。

6. 平衡"教"与"学"之间的关系

"教"与"学"在和谐状态下平衡发展是实现有效教学之关键因子，有效教学既有赖于优良的"教"，同时离不开优良的"学"，二者和谐共存、一起发展才能实现有效教学。作为教师，为此要持续探索相关的教学理论、教学方法，力争"教"能给学生带来所得，"教"能为学生更好地理解和接受。学生通过积极的反馈作用于"教"，推动"教"更好地发展，此即教学相长。

7. 能够让学习走向快乐化

斯宾塞认为在快乐状态下展开学习，一定最为有效。快乐学习即在教师指导下，充分激发学生的学习兴趣，对学习自觉性和主动性予以全面的调动，让学生在学习的过程中真正发挥主人翁的作用，让学生的发展不但生动而且活泼。快乐学习以师生和睦、愉悦相处为前提，以和谐融洽的学习氛围为外部条件，教师充分尊重学生的个性，对学生学习之兴趣予以积极的激发，这样的学习才可能是有效的。

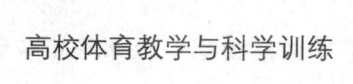

8.能够有效利用教学时间

在教学中，时间的利用上是有效率和有效果的，于单位时间里产生最佳学习效果和得到最大的收益。无论是理论研究，还是实践检验，都告诉我们教学时间是不是被有效利用为判断有效、无效教学之重要标准。借助生动化、趣味化教学活动，吸引学生学习，并且激发他们的学习动机，提高他们的注意力，从而达到单位时间学习效果最优化。

（四）有效教学在高校体育教学中的应用要求

综合和科学地分析有效教学在高校体育中的应用，为提高高校体育教学效果奠定基础。有效教学在高校体育中的应用要求主要包括以下三点。

1.以学生为主体，提升教学效果

高校体育教学的对象是学生，通过有效教学使学生掌握各种体育知识和技能，形成终身体育锻炼的意识和习惯。高校体育教学活动效果，直接受到教师的教学观念、教学方法、教学内容以及教学手段的影响，如果想要在体育教育活动中取得一定的教学效果，需要做到设计好体育目标，合理地整理体育教学内容。引导学生积极参加体育训练的同时，提高学生对体育的兴趣，选择适当的教育方法很重要。

2.发挥有限课时的无限作用

高校体育课程的授课时间是有限的，教师要关注授课的有效性，要在有限的课堂时间内，使学生学习更多体育知识和技能，以此提高教育的效率。有效的教育理论是平等地重视教育有效性和教育效率性。

3.用实践检验教学效益

高校体育教学不仅能使学生掌握丰富的体育理论知识与技能，而且能使他们将体育理论知识与技能应用于体育实践当中。教育效益和教育效果密切相关。良好的教育结果有效提供了实现教育教学的条件。因此，高校体育教师要通过学生对所学体育知识与技能的实践应用情况检验教学效益。

第二节　高校体育教学策略与课堂教学设计

一、高校体育教学策略

（一）体育教学策略的概念、特征与类型

1. 体育教学策略的概念

体育教学策略是体育教师为了实现特定的体育教学目标而预先计划一系列教学行动或行为，在面对具体的教学情境时有意识地调整和监控这些行动或行为的动态过程。

2. 体育教学策略的特征

（1）操作可控性

体育教学策略是体育教师根据教学目标、自身经验和学生水平来选择和制定的。例如，学生之间存在个体差异，教师选择的某种教学策略有利于部分学生的学习，不适用于其他学生，从而导致教学过程中出现新的问题和障碍。所以，体育教学策略必须根据学生的认知、能力等做出相应的调整。因此，在进行高校体育教学策略设计时，体育教师在教学过程中也应根据学生的认知、技术和能力，在教学策略的使用上做出相应的改变。

（2）灵活多样性

体育教学策略与教学模式不同，不具有固定的标准形式，而是随教学情境的变化而变化，针对不同的问题采取不同的教学策略。所以，在教学过程中，"随机应变"已经发展成为教学艺术的一个重要影响因素。由此可以得出，能否灵活运用体育教学策略是体育教学效果成功与否的关键之一。体育教学是集技术技能、体育理论和品德教育于一体的有意义的户外教学活动，所以体育教学策略比一般教学策略更丰富多样。由于体育教学策略具有灵活变通的特性，高校体育教学策略也要根据具体教学情况来灵活选择和创新。

（3）设计综合性

体育教师对体育教学策略进行设计时，需要考虑到各方面的要求，应把教

学方法、媒介、步骤、组织形式、环境等要素看作一个整体，进行更全面的考虑，才能设计出科学合理的体育教学策略。体育教师在运用体育教学策略时，应该对多种不同的教学策略采用组合使用的形式，并在实施中进行不断的调整和完善，以此实现体育教学活动的最佳效果。因此，在设计高校体育教学策略时，应结合体育教学的特点，综合考虑多种体育教学策略。

（4）目标指向性

体育教学策略的选择和使用是为了更好地实现具体的教学目标，是围绕整体教学目标而设计的。并不存在适用于一切体育教学的万能教学策略，只有体育教师在教学过程中遇到了具体问题和障碍，才能充分发挥体育教学策略真正的价值。体育教学策略始终针对实现教学目标过程中的每一个环节和要素，通过设计相应的对策来解决每个环节出现的问题和障碍，从而达到最终的教学目标。

（5）过程实用性

体育教学策略不是在某种教学思想的指导下发展的，而是在教学理念下将各种教学方式、方法、手段等灵活运用的过程。它能为教师和学生提供教学中的实际参考，并在教学实施过程中根据学生的实际情况进行调整，最终呈现良好的教学效果。因此，高校体育教学策略的设计要具有很强的实用性，没有实用性的教学策略设计将会变得毫无意义。

3. 体育教学策略的类型

（1）内容型策略

教师参照教学内容的多少和各种内容之间的联系来制订教学计划并取得较好教学成果的策略就是内容型策略。例如，布鲁纳提出儿童的认知是由动作把握、图像把握、符号把握三个阶段构成的，在每一个不同的时期都要根据儿童正在学习的各种科目的联系展开更为科学、合理的组织学习。各个科目又拥有一个根本概念以及其独特之处共同组成的学科体系，而且随着学习阶段的持续，所面临概念的难度也会逐渐加大，所以在制订教学计划时应该针对每个时期的特点选用最为合适的教学策略。根据同化学习的有关知识，奥苏贝尔提出教师在教学时应该参照教学内容使用序列化策略，首要任务是确定先行组织者，接着规定细致、明确的概念。教学应该是从抽象到具体，将学习对象刚刚接受的知识内容和大脑中已经存在的普通的、总结性更强的内容结合到一起，创建一种不易被破坏的认知体系。奥苏贝尔把教学活动区分为多种层次，认为应依据从简单到复杂、从片面到全面的原则开展教学活动。学习简单的内容是为了更好地接受复杂的知识，即学习简单知识是学习复杂知识的前提。根据教学内容来选择教学策略是教师都应该掌握的能力，只有这样才能更好地实现教学目的。

（2）形式型策略

形式型策略是以教学的组织形式为中心的一种教学策略。有的教师以集体教学形式组织教学，也有的教师以个别的学习形式和小组教学形式为中心安排教学环节，还有的教师在以教师、学校为中心和以学生为中心的基础上来组织教学。还有教师在以时间为中心、以学习者为中心、以任务为中心和以学生为中心的基础上组织最为基本的教学活动。

（3）方法型策略

方法型策略是指以特定的教学技术和方法为中心的策略。有的教师将教学步骤分为讲解策略（包括呈现信息、检查接受、提供机会、应用）和经验策略（提供表现行为的机会、检查对因果关系的理解度、检查对原理的理解度、应用）。这两种主要的教学策略之间会产生许多变式，从而进一步建构其总体上的教学策略。

（4）任务型策略

任务型策略是指以教学任务或学习类型为中心实施的教学策略。有主张围绕教学任务，针对不同的学习目标采取不同的教学措施，包括讲解性策略、练习性策略、问题定向性策略和综合能动性策略。

（5）综合型策略

综合型策略和上述 4 种策略有很大的区别，它制定教学策略的依据并非教学活动的某个组成环节，而是全部的教学活动。

（二）高校实施体育教学策略的意义

1. 提升教学效果

高等学校体育改革，特别是体育课堂教学改革，核心是要有效转变学生的学习方式，挖掘学生的运动潜能，调动学生的运动激情，积极发展多样化的体育教学方式，让学生在体育教学过程中的主体性、能动性和独立能力不断得到提升，将体育课由过去的"要我动"变化为"我要动"。教学策略主导的体育课堂教学能为学生提供有效学习的策略指导，引导学生参与到自主、探究、合作的学习中去，充分发挥学生的能动性、主动性，让学生真正成为学习的主人。同时，教学策略主导的体育课堂教学也可以帮助教师与时俱进，树立先进的体育教育理

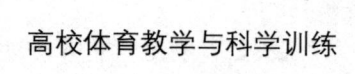

念，掌握正确的课堂教学方法，积极转化教学方式，创建宽松的学习氛围，促进专业教学水平和教学效果的提升。

2.促进学生的全面发展

教育的根本目的在于学生发展，任何教学行为都必须服务于学生的成长进步。在体育课堂教学中，要特别注重学生身体素质的提升，全面培养学生的体育素质，促进其身心健康。学生的发展是在"日常教学情境中的学习成长"，是"教学过程中的学习成长"。实施体育教学策略的体育教学能形成教师对学生有效学习的指导，能够营造学生有效学习的课堂教学环境，能实现"以人为本，健康第一"的体育理念，实现教学整体实效和实践价值，实现学生身体素质、心理素质、运动技能、体育常识、参与意识和团队精神等方面的全面发展。

3.促进教师自身专业发展

体育教学活动在教师的主导下进行，发挥自身的主导作用是教师的重要任务。体育教学有效性的高低，取决于教师的教育思想和业务素质。在体育教学理论指导方面，良好的教学策略对于帮助教师更新教育理念，综合地认识和探讨教学过程中各种因素间的相互关系起到重要作用，也能加强教师对体育教学规律的理解和把握。在教师教学实践方面，体育教学策略建立在教师的体育教学经验之上，能促进教师运用有关体育教学理论指导实践教学，促使教师对体育教学过程中的教学行为和表现进行自我回顾和自我调适，对不良教学方法和行为进行优化，有利于教师体育教学技能、专业化水平和教学实效性得到提升。

二、高校体育课堂教学设计

（一）高校体育课堂教学设计的理论基础

1.布卢姆教育目标分类理论

（1）布卢姆教育目标分类理论的概念

教育目标分类学形成于20世纪70年代，是布卢姆等人综合了教育学、心理学的教学研究成果，对教学目标进行了较为科学细致的分类，是对教学效果的一种预期，能够反映学生在认知、思想、行为以及情感等方面的变化，并能够进行观察、描述与测量。目前这一理论被教学工作者广泛应用于制定各类比较系统的教学目标。布卢姆教育目标分类理论作为一种评价准则，从最基本的知识学习，到综合思维与能力的拓展，再到情感的形成等方面，使教学活动更有意义与价值。

（2）布卢姆教育目标分类理论的应用

我国各教育者广泛依据布卢姆教育目标分类理论制定教学目标。学者谷长江依据布卢姆教育目标分类学理论，结合体操教学内容与教学特点，进行了较为细致的教学目标制定阐述。首先，编制教学目标需考虑行为目标、方法与作业目标三要素；其次，内容应包括学生行为的结果、每个领域由低水平至高水平的层次转化以及测量与评价；最后，编制步骤是依据目标分析制定一般教学目标，再将一般教学目标分解为内容与行为，制作技术目标规格表。谷长江还提出了实施目标教学的学习观与教育观，主张为每一名学生创造适宜的学习环境，减少因学习能力与个人基础不同产生的教学差异，使每一个个体自然适应社会发展需要。布卢姆教育目标分类理论在文科中也有应用。学者陆游等人指出，在中学语文学科的教学目标设置中，教师倾向于重认知，轻技能、情感，在情感教学方面也大多停留在学生的感受阶段；在历史学科中，教师对技能领域的理解偏差较大。学者侯乐旻对中小学音乐学科的教学目标进行了分析与总结，认为由于中小学生认知水平有限，在设定教学目标时应注重综合把握学生知识水平与认知水平的应用与创造，为学生提供必要的学习条件；另外，他还指出在制定教学目标前要了解学生原有的学习经验，在描述目标时措辞要精准，尽量全面涉及各维度目标。学者张颂岐指出，在制定教学目标时应遵循四个原则，在表述教学目标时应尽量作业化。认知领域的教学目标应包括知识与发展智力两方面；在技能领域，从技能的知识、动作、水平进行规定；在情意领域，多以培养学生兴趣、态度等为教学目标（由于该领域教学目标的设置不宜进行判定与检测，研究较少，因此还需要不断进行探索）。学者张颂岐主张在情意领域设置非智力因素目标，将布卢姆、克拉斯沃尔的情意目标与我国"德育"相统一，或者用"德育目标"来取代"情感目标"。总之，布卢姆教育目标分类理论在各学科中应用较为广泛，能够为高校体育课堂教学设计提供有力的理论支撑。

2. 掌握学习理论

（1）掌握学习理论的概念

布卢姆的掌握学习理论最早源于卡罗尔的"学校学习模式"，是一种全新的学生观、教育思想、教育策略，也被称为"乐观的教学理论"。日本学者称它为"完全习得的学习理论"。该理论以大部分学生可以在教师的指导下掌握所学知识与技能，并以有效提高学生的积极参与性为目的。该理论的教学评价包括三个：诊断性评价，即对每名学生的学习情况进行了解。形成性评价，即教师对学生的学习效果进行测试，学生对教师的教学工作进行反馈。在该理论中，布卢姆尤为强调形成性评价，即通过不断强化与矫正学习，达成各教学目标。总结性评价，即一个学期或一个单元教学完成后，教师对学生的掌握程度进行全面的评价。这三个评价方式循序渐进，构成完整的教学过程。掌握学习理论能够使学生发现自己知识上或技能上的错误与不足，并进行弥补与改正，进而促使学生成为自己学习的主体，增强自信心。

（2）掌握学习理论的应用

掌握学习理论在体育教学中能够较好地监控教学质量，应用较为广泛。学者吴志超指出，无论是专项体育课，还是一般体育课，应用该理论教学都是可行的。但应用掌握学习理论的前提有两个：一是能够充分估计学生学习能力与发展能力倾向；二是能够合理规划使用教学时间和灵活运用教学形式与方法。该理论的特点是集体性教学加上频繁的教学反馈与个别化的矫正性帮助。实际上，在体育教学过程中，为实现课程教学的终极目标，存在着多种教学形式。美国学者查理斯教授曾认为，"掌握学习"将是体育教师设计体育课程与发展未来课程的趋势之一。另外，该理论充分运用了三种评价方式，其中形成性评价为确保教学最终能够达到终极目标，对整个教学过程作用重大。学者杨泓等人在英语学科的阅读课中运用形成性评价，取得了良好的教学效果。他们通过研究表明，形成性评价对教学有着诊断、促进及导向的作用，是促进能力发展的新途径。他们还提到形成性评价的测量工具包括问卷、测试、观察、座谈、成长记录袋，综合使用形成性评价方法，对提升教学质量有着良好的效果。但是该理论的实施也存在一些问题，如在教学过程中会浪费过多的时间对学生进行评价测试，这虽然可以保证班级整体教学效果，但是对于一些智力超常的学生会有局限性。所以应用该理论的同时，还应考虑到一些特殊学生。在高校体育课堂教学设计中可采取小组教学的方式，让这些优秀的学生分散到每个小组中，使其担任小组长帮助组员学习。运用掌握学习理论教学，能够更好地提升学生学习质量，它采用的评价方式也是优化教学的过程。

3. 最近发展区理论

（1）最近发展区理论的概念

维果茨基的最近发展区理论对教师教学、学生学习和自我发展之间的关系进行了阐述，认为教学能促进学生的学习和发展，并能缩小学生真实发展水平和潜在能力之间的差距。这一理论需要教师从学生不同的学习特征和不同的年龄特征出发，从多个方面进行教学，并对教学进行全面的评估，从而使学生的学习质量得到进一步的提高。教师的教学与学生的发展互为因果关系，只有在学生的最近发展区内采取合适的教学方式，并不断地更新彼此的最近发展区，才能使教师的教学效果和学生的发展水平得到最大限度的提高。

（2）最近发展区理论的应用

最近发展区理论注重发掘学生的潜能，并由此衍生出了多种教学模式。学者麻彦坤认为，随着知识观、学习观、教学观的不断变革，学生观、教师观与课程观也随之发生改变，因此要不断创新教学模式，使之适应社会发展人才的需要。由最近发展区理论引申出的情景性教学、支架式教学、合作式教学、互惠式教学等新型教学模式，对教育理念的变革与发展有着重要意义，但每种教学模式各有利弊，如何具体实施还需进一步深入研究。学者王颖认为，最近发展区理论揭示了个体在互动条件下认知能力的高级发展过程，注重发掘其学习潜能。此外，最近发展区还具有个体差异性，会随着与他人之间的互动、交流，逐渐发生变化，进而促进个体认知能力的发展。诸多研究表明该理论更多地被应用在指导与合作学习中。虽然该理论已被各学科教育学者广泛使用，但对于如何培养学生探究能力方面的研究较少。学生在接受新知识与新技能时，会在本身的最近发展区内不断探索，其知识与能力从未知到已知、从不能到能，学习知识与能力逐渐被拓展。鉴于此，教师在进行高校体育课堂教学设计时，应逐步引导学生提升自己的最近发展区。教师应对学生进行逐步的训练，使学生发现自己的潜力，并主动去深入学习，这样有助于培养学生的自主探究能力与实践能力。

（二）高校体育课堂教学设计的基本原则

在体育课堂教学设计的过程中，在充分发挥主动性和创造性的前提下，还应遵循以下四条原则。

1. 育人性原则

体育教学在育人方面具有得天独厚的优势，对学生的心理健康具有很大的影响，学生作为教育教学活动的主体，在体育活动中有很大的自主性。教师通过对体育课教学内容的巧妙设计、人员的分配等，使学生的组织交流能力得到提升；通过团体合作，使学生学会齐心协力，相互合作，有利于培养学生的集体荣誉感；通过合理设置体育活动难度，使学生体验到成功，有利于增强学生的自信；通过设计有规则的体育环节，有利于学生规则意识和自律意识的形成；等等。

2. 主体性原则

学生是体育课堂的主体，学生的情感交流要以主动参与为宗旨，让学生在运动游戏竞赛活动中体验快乐，并且鼓励学生把情感投入到体育课活动中，积极了解事物之间的联系，了解自己与事物之间的联系，从运动游戏活动过程中获得积极的情感体验，使学生的情感得到发展。教师在活动过程中把规则解释清楚后，尽量不参与，但不是不干预，要根据经验来判断自身进行干预是否会适得其反。教师不过度干预，保持中间的一个度，是为了使学生更好地参与到体育课堂当中。

3. 趣味性原则

趣味性原则在课堂教学设计中主要包括两个方面：一方面，选取的体育活动具有趣味性，在内容形式上比较吸引学生的注意力，每次课都是新的内容，让学生能够在新奇的活动中获得快乐；另一方面，教师幽默风趣、灵活的教学技巧和富有感染力的激情能最大限度地增强课堂活力，不仅能激发学生的学习兴趣，也能使学生的学习积极性得到提高。

4. 科学性原则

在体育课程内容设计上根据学校现有的体育设施，合理地选择体育教学内容、设置体育活动难度，使之符合对学生情感影响的需要。此外，大部分学生兴趣广泛的同时又缺乏持久性，又特别喜欢竞赛性质的活动。根据学生这一特点，体育课程教学的前期以简单、易参与的体育活动为主，后逐渐增加体育的课程难度，由易到难循序渐进。与此同时，每节课也要有相应的素质练习活动，在确保每堂课都有一定素质练习的同时，也保证了体育活动的趣味性。

（三）高校体育课堂教学设计的方法

1. 构建学生能够达到的深度预期教学目标

首先，教学目标是否明确、具体、规范，直接影响到教学能否沿着正确的方向进行。因此，预期教学目标一定要明确公开。一方面，教师通过目标，引导学生一步步走向深度学习；另一方面，学生通过目标，明确自己要达到的水平，在学习之前依据目标自学、在学习过程中纠正偏差、在学习之后参照目标进行自我评价。在网络教学平台上发布学习任务及要求时必须将教学目标公开，使学生能够参照教学目标开展之后的学习活动。

其次，目标必须具体、可操作、可测量，避免目标的模糊与抽象给学生带来理解上的困难。

最后，目标应占据科目核心地位，值得探究，具有价值，能够引领学生迈向重要的教学目标中心，推动学生走向深度学习。

2. 选取合适的教学内容

不管是学习的价值还是学习的目标，无论在课堂的哪个环节，都要根据学生学习的本质和生活实践来追根溯源。教师应在遵循课堂教学设计的基本规则基础上选择教学内容，且这类内容更容易成为具有"与学科内容相关的多种重要观点相联系，对学生来说是真实、有趣、有吸引力的"特征的"衍生性的问题"。学生解决此类问题的过程，就是不断探究、不断寻找证据丰富主题的过程。

3. 设计追求理解的教学环境

2020年是中华民族经历的最特殊的一年，受新型冠状病毒肺炎疫情的影响，学生不得不进行线上学习，体育也不例外，这就推动了信息化教学的发展。信息化环境为学生提供了便捷联通的网络及丰富的资源，随之学生的学习方式、教师的教学方式也在发生改变，但在学校体育教育中物理空间的面对面课堂依然是学生学习的重要场所，因此架构网络与教学环境实现不同时空的有效链接，以支持学生的学习是十分必要的。

4. 确定关注过程的学习评价

想要通过评价的方式来提高学生的兴趣，可以采取教师评价和同学互评两种评价方式。比格斯认为认知的层次反映了对事物理解水平的高低，提出了SOLO分类理论。该理论对问题的回答层次划分为前结构水平、单点结构水平、多点结构水平、关联结构水平及抽象扩展结构水平，如表4-2所示。在课程实施的前后阶段对学生的学习能力使用SOLO分类理论进行评测量化，可以反映出学习前后学生理解水平的变化。

表4-2 基于SOLO分类理论的学习能力各层次含义

SOLO层次	能力	思维操作	收集线索与结论一致
前结构水平	最低：解答和问题线索容易混淆	回答没有逻辑，有拒绝、同义反复以及转换	在没有将问题弄清楚之前就收集
单点结构水平	低：可以区分线索和问题的一个方面构成答案	只能联系素材某单一方面问题解决	只抓住某一点就马上得出结论，所以结论一致性很差

续表

SOLO 层次	能力	思维操作	收集线索与结论一致
多点结构水平	中：可以将问题解答与素材的多个孤立相关素材联系	只能根据多个彼此孤立的点解答问题，未能将其联系起来	在搜集许多素材后，素材之间缺乏联系，容易出现用同一素材得到不同结论的情况
关联结构水平	高：可以掌握大部分相关素材，并将各部分素材联系起来	可以根据以往经验和已有知识概念将彼此孤立的点联系起来	在设定问题情景中，很难出现不一致情况，但在设定情景之外可能就会出现不一致的情况
抽象拓展结构水平	最高：不仅理解已有问题信息，还能与抽象原理之间建立联系，并导出假设，将其运用到实际情景中	可以演绎归纳，对未知情景进行概括	不一致消失，结论具有开放性，可以兼容几个不同的结论

第三节 高校体育学习认知风格与差异教学

一、体育学习认知风格

（一）学习风格

1. 学习风格的界定

学习风格是学生在学习中持续一贯并带有个性特征的学习方式，是学习倾向以及学习策略的总和。学习倾向则包括学生对学习情绪、学习态度以及学习内容、学习环境等方面的偏爱，而学习策略是指学生针对某个学习任务采取的一系列步骤。

2. 体育学习风格的界定

体育学习风格是学生在体育学习过程中，基于不同的学习心理状态、不同的身体展现需求、不同的信息加工特点，所表现出来的学习认知、动机、情绪、肢体展现等学习偏好特征，它作为相对稳定的指标，体现于体育学习过程之中。

3. 体育学习风格的理论基础

以加涅为代表的信息加工理论主张用信息加工的观点来认知学生的学习过程，并提出了信息加工三级理论：第一级为学生在学习环境中受到各种刺激，由感觉器官接收到信息，经过感觉器官接收的信息形成记忆；第二级为短时记忆；第三级为长时记忆，信息经过编码存贮在大脑中，供以后提取。信息加工理论倾向于把学生作为一个信息加工系统，认为学习过程就是学生对外界信息的获得、加工、存贮和使用的一系列操作过程。

以卡尔·罗杰斯为代表的人本主义学习理论强调人是学习的主体，重视学生思想、情感、态度、价值观在个体中的发展。据其观点，教育的目的就是培养学生的个性，使学生意识到自己的独特性，从而帮助学生发挥自己的个性优势，促进学生学习的积极性和有效性，主动探究学习，让学习成为一种提升自我，并获得丰富的知识和情感的过程。

以加德纳为代表的多元智能理论主张人类拥有独特的智力，从而使他们表现出不同的认知能力，这些认知能力具有自主性和差异性，可反映在对世界的认知、学习、探究等不同的方式上。教育者在面对不同的学生时，通过加德纳的多元智能理论，他们可以更加清楚地认识到学生的特殊智力、独特的学习风格以及相对应的学习潜力。

综上所述，信息加工理论、人本主义学习理论、多元智能理论都很重视以学生为主体，重视学生个性的发展，关注学生的个体差异、学习特征、学习偏好，这为学习风格理论和体育学习风格的构建和发展提供了框架，为后续的研究提供了理论支持。

（二）认知风格

1. 认知风格的界定

20世纪30年代末，奥尔波特首次将心理学两名词——认知和风格联系起来，提出了"生活风格"，用以描述一个人形成的典型的或者习惯性的个性特征；弗兰德和克勒在此基础上扩充了有关认知风格的内涵，提出认知风格具体包括个体感知、编码、储存和记忆信息的方式；温金指出认知风格指一个人的特征和一贯性对信息加工和组织的方式；梅克西提出认知风格是个体在处理信息时表现出的独特的习惯；比约克隆提出认知风格是个体在处理信息时采取的与众不同的方式；

理查德提出认知风格是个体在组织和表征信息时偏好性的、习惯化的方式。不管怎么表述，各学者对认知风格的界定在本质上都是一样的，都描述了个体在信息加工过程中表现出的习惯性的行为模式，反映了个体在认知过程中的差异性。

2.认知风格的分类

在认知风格的早期研究中，倾向于以认知的具体过程来研究认知方式问题，从研究方法上看，侧重于以具体认知过程如知觉、记忆、思维、问题解决等为基点对认知风格进行分类。

根据认知的知觉方式对认知风格进行分类：心理学家温金和阿希通过垂直视知觉实验将个体认知风格分为场依存性型——场独立型；1954年克雷恩提出将认知风格分为拘泥型——变通型，用来描述个体在外界刺激干扰下因注意力是否集中而产生的个别差异。

根据认知的记忆方式对认知风格进行分类：凯利等研究者借助段落完成法提出将认知风格分为复杂认知型——简约认知型，用来描述在处理复杂的问题情境时对各种不同线索使用的个体差异；霍兹曼和克雷恩根据当前命令和相关记忆痕迹在记录过程中相互作用程度的差异提出将认知风格分为平稳型——敏锐型。

根据认知的思维方式对认知风格进行分类：1959年吉尔福特在智力模型中提出将认知风格分为聚合思维型——发散思维型，用以描述个体面临复杂的认知任务时提出的解决方法的差异。聚合思维型个体通常倾向于依据相关信息提出唯一明确的解决方法；发散思维型个体相反，他们思路开阔，能够根据相关信息提出多种不同的解决方法。

根据认知的问题解决方式对认知风格进行分类：卡根等人根据个体对某些具体不确定答案的问题的反应速度存在差异提出将认知风格分为冲动型——沉思型；1960年布罗弗门根据个体对于问题本质的把握存在差异提出将认知风格分为概念型——知觉型。

根据认知的逻辑推理方式对认知风格进行分类：1972年帕斯克通过实验提出将认知风格分为跳跃型——渐进型，用以描述个体在随意学习状态下解决问题时对待相关资料方式的差异。跳跃型个体在解决问题时倾向于浏览大量相关资料以检验大量先前预测，而渐进型个体倾向于查看具体明确的相关资料，用逐步推进的方式来肯定或否定假设。

认知风格又被称为认知方式、认知模式，由于认知风格是一个处于智力和人格间的心理学概念，而学生的不同认知风格与学习成绩之间存在显著关系，因而对于认知风格的分类，格里戈雷恩科和斯腾伯格提出以人格、活动、认知为基点进行分类。

①以人格为基点的研究取向：荣格提出了心理类型理论，他将人格划分为内倾和外倾两类，将心理功能分为直觉型、感觉型、思维型、情感型四类，并将这两种人格和四种心理功能加以组合形成八种人格模式，包括外倾直觉型、外倾感觉型、外倾思维型、外倾情感型、内倾直觉型、内倾感觉型、内倾思维型、内倾情感型；格里高克提出能量理论，根据个体对空间的利用分为具体型、抽象型，根据个体对时间的利用分为有序型、随机型，从而形成四种人格类型，包括具体—有序型、具体—随机型、抽象—有序型、抽象—随机型。

②以活动为基点的研究取向：这一类研究主要关注学习过程及情境的作用，是对学习方式以及教学方式的动态认识。库博提出将学习方式分为聚合型和发散型、顺应型和同化型，亨森和博斯维克提出将教学方式分为任务指向型、合作计划型、儿童中心型、学习中心型、学科中心型、情感兴奋型。

③以认知为基点的研究取向：这类研究主要侧重于以基本认知过程的风格特点为基点进行分类。温金通过框棒测验和镶嵌图形测验提出将认知风格分为场依存性—场独立型，用以描述垂直知觉的个体差异；霍兹曼和克雷恩根据个体在吸收、储存信息时的差异将认知风格分为齐平型和尖锐型；吉尔福特提出聚合型—发散型，用以反映思维的类型和问题解决上的组织策略；卡根提出将认知风格分为冲动型—熟虑型，用以反映个体在一个不确定的情境中，做出决策与概念的速度的差异；帕斯克提出将认知风格分为整体型—序列型，用以反映个体对学习任务的反映倾向的差异。

二、体育学习认知风格与差异教学

（一）差异教学概念界定

1. 差异

差异是指个体在生理和心理发展上处于比较稳定状态的不相近性，具体表现在智力、能力、兴趣、心理、性格等方面。差异分为个体内差异和个体间差异。个体内差异，主要是指个体内部各方面处于不同的发展水平；个体间差异，是指个体与个体之间的各方面处于不同的发展水平。

在现实的教学实践中，差异是学生的常态。开展差异教学，出发点就是学

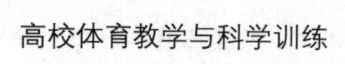

生的"无他性",即学生是存在个体间差异的,主要的依据就是学生之间能力水平上的差异。

2. 差异教学

对于差异教学的含义,不同的人有不同的理解。美国学者戴安娜·希科克斯对差异教学进行了这样的描述:差异教学是为符合学生的学习需要、兴趣或风格,教师改变教学的进度、水平或类型的教学。卡罗尔·安·汤姆林森认为差异教学是教师以学生的准备水平、学习兴趣需要作为依据,以多种形式设计和实施教学内容、教学过程与教学成果。比利亚和内文将差异教学定义为"在教学的过程中,为满足每个孩子的需求改变学习活动、内容、评价模式和教室环境以促进每个孩子发展"。我国学者华国栋提出差异教学是指立足于学生个性的差异,根据差异结果进行教学内容和教学方法的设计,满足学生个别学习的需要,以促进每个学生在原有基础上得到充分发展的教学。姜智、彭慧指出差异教学是在面向全体的班级教学中,基于学情,体现差异,促进发展的教学过程。教学差异体现在指导思想、目标、内容、方法、过程、评价等各个方面,梁心愿将这几个方面总结为教学内容、过程和结果的差异。

上述学者对差异教学的定义,主要涵盖以下三个方面:①差异教学的立足点在于学生的个体差异。无论是满足学生的准备水平、需要、学习风格或兴趣的表述,还是了解学生差异、基于学情、有效利用学生差异的表述,表达的都是同一个观点,即差异教学是一种考虑到个体差异的教学,依据学生差异实施教学。②差异教学的重点在于具体的教学实施过程。差异教学是对教学活动的各个环节进行差异化的设计和实施,教学的目标、内容、方法、过程、评价都要体现差异化。③差异教学的目标在于促进学生在原有的水平上得到最大限度的发展,通过教学取得进步。

(二)体育差异教学策略

1. 学习内容差异化的体育教学策略

(1)设计不同层次的体育教学目标

根据布卢姆的目标分类法,可将学习内容分类呈现,以适应不同学习水平学生的需要。内容的差异可以通过缩减相关基础性的概念、步骤和技巧来实现,也可以通过提高技术的复杂程度来实现。有的学生需要更多的教学和练习,而另一些学生只要少量的练习就可以了。

（2）运用多样化教材资源

差异化处理教学内容，适应学生个体所需，使学生掌握不同难度的技术、技能；还可以运用多种教材资源，如教学光盘、教学录像带、网络资源等，这样不仅可以提高学生学习的能力，而且可以提高学生的学习兴趣。

2. 学习过程差异化的体育教学策略

（1）基于准备水平差异的体育教学策略

为每个学生的发展制订计划，也就是说，设计适合学生的学习任务来促进他们的发展。教师需要以教育公平为原则，有针对性地进行教学指导。

第一类学生：技能差，体育学习态度也差。教师应耐心询问情况，认真、热情地进行技术指导，使这类学生感受到教师的温暖和信任，建立自信，培养兴趣。

第二类学生：技能差，体育学习态度好。教学中教师应多进行技术指导，在此基础上多鼓励，激发这类学生的学习热情。

第三类学生：技能好，体育学习态度差。教师应提供条件让这类学生打比赛，适时鼓励、助威，激发他们试与教师比高的欲望。

第四类学生：技能好，体育学习态度也好。教学中请这类学生做示范，帮助基础差的学生，全班观看他们参加的教学比赛，激发全班学生的学习兴趣。

（2）基于兴趣差异的体育教学策略

德国教育家第斯多惠说过："教学艺术的本质不在于传授本领，而在于激励、唤醒、鼓舞。"教学中教师要尽可能地分析学生的兴趣。

其一，学生之间存在差异，教师应尽力了解每个学生在课堂学习中的兴趣所在，这是份艰难和长期的工作。

其二，充满活力的教师会尽力激发学生学习的兴趣。当教师对某一项运动满怀热情并能深深感染学生时，也会激发学生产生类似的兴趣。

利用学生已有的兴趣设计教学过程有以下实施途径。

①以学生所熟悉的技能和知识作为学习新技能和知识的桥梁，提高学生学习动力，显示所有学习之间的关联性。

②使学生掌握与应用运动技术是提高学生运动兴趣和积极性的重要保证。学生只有会用运动技术并不断地提高运动技能，才能真正体验到运动的乐趣，运动兴趣才会越来越高。

3. 学习结果差异化的体育教学策略

①要强化统一性的评价内容和方式，特别要对学生的体育课成绩评定进行明确的指导和提出具体的要求，建立一个既统一又灵活的体育学习成绩评价体系，建立具体明确的"体能"和"主要运动技能"的评价指标和标准。

②质性评价与量性评价不宜混合在一起进行，以免使量性评价失去应有的分量和作用。笔者建议质性评价采用写评语的方式，而量性评价采用计分数的方式。

③在正确理解差异教学含义的基础上，进一步探讨行之有效的、有利于差异教学评价学生的对策与方法。学生的准备水平、认知风格和兴趣的差异是客观存在的，差异的客观存在也考验着教师的教学策略与水平，增加了教学的难度。教学中对学习内容、过程和结果进行差异化处理，承认差异、利用差异、改变差异和发展差异的最终目的是使每一个学生都能在原有的基础上得到发展。

第五章 高校体育运动的科学训练

随着高校教育制度的变革，人们越来越注重人才综合素质的培养，提倡实现人才文化素质与身体素质的全面发展，高校体育教育也开始成为人们重点关注的对象。参加体育运动训练具有多方面的价值，既能够增强学生的身体素质，又能够培养学生的运动技能，同时还能培养学生良好的人格品质。本章分为球类运动的科学训练、田径运动的科学训练、有氧运动的科学训练三部分。

第一节 球类运动的科学训练

一、篮球运动的科学训练

（一）篮球运动发展的现状

近几年来，中国男篮在国际比赛中屡屡失手，从2012年的伦敦奥运会，到2013年的亚锦赛，再到2019年作为东道主参加的男篮世界杯，成绩都不尽如人意。中国男篮的成绩，说明中国篮球运动与国际篮球强队相比，仍然有较大的差距，篮球运动的发展任重道远。

业界人士纷纷为中国篮球的改革献计献策，部分学者从运动训练学的角度，分析了男篮现状的原因，认为国内篮球运动主要存在的不足包括运动员对抗比较差、体能比较薄弱、运动智能不高、心理承受能力较弱等。其中，不能忽视运动智能对篮球运动员的影响。如今篮球运动节奏越来越快，比赛场上形势瞬息万变，攻防转换速度之快经常让人猝不及防，并且场上身体对抗激烈、消耗大，要求运动员在场上有很强的能力，时刻保持头脑清醒，像一台精密的仪器分析处理场上的一切，通过观察思考找出对手的劣势，合理运用自己的技术和教练布置的战术来击败对手。这些方面说明了智能水平的高低也是影响篮球比赛中运动员的运动表现和运动成绩的重要因素。国内篮球运动目前狠抓体能，重视技战术的同时不能忽略了对运动员智能的培养，智能、意志等软实力对运动员的成长有着重要的意义。我们的目标是培养全面的人而不是打球的机器，因此智能的培养势在必行。

（二）篮球项目特点及训练要求

1. 项目特点

针对篮球运动而言，认真剖析其规律和特点，是实施体能训练的核心要求，也是极其关键的步骤。篮球运动的特点是，以坚持提升技术水平和对抗能力为宗旨，以训练爆发力和速度为核心，以得分为根本目的，以力量为基础。身体的对抗性是篮球运动中另一关键特点，在具体运动过程中有大量身体碰撞，要求运动者有良好的力量，以及优秀的控制力，达成投篮得分的目的，真实发挥战术水平。可见，在篮球运动中，速度和力量是运动者最核心的要求和标准。

2. 训练要求

（1）专项素质

针对篮球运动而言，要保证训练向规范化、专业化、科学化方向发展，保证运动者具备基本专项素质，就要加强对其专项特点的训练。统一篮球运动者速度与耐力、身体柔韧性和力量，是专项特点训练的主要目标。在具体的训练过程中，想要高质量完成训练，就需要有效结合篮球技术和身体素质训练，在整体上提升篮球运动者的专业水平。

（2）技术深度

针对篮球运动而言，技术训练是重点。教练应当不断改革和创新训练中已有技术，把握好总体发展方向，衔接所有的篮球技术动作。每一个篮球运动者在掌握基本功的基础上，均需结合自身实际特点，探索出最适合自己的篮球技术训练方式。

（3）高强度训练

针对篮球运动而言，负荷训练就是人们常说的强度训练。高强度的训练，能够提升篮球运动者的身体素质，促使他们有效掌握实效性强的比赛方式和技战术，提升他们的身体和运动能力，因而其是极其关键的一项训练内容。

（三）篮球运动科学训练要点和发展趋势

1. 训练要点

（1）重视耐力训练

在进行篮球运动技能训练的过程中，耐力训练可能造成超负荷情况的出现，一般难以把握。因此，要选择小强度、长时间、小频率的训练方式，循序渐进，在不伤害篮球运动者身体机能的前提下，使他们保持良好的竞技状态，提升耐受性。

（2）把握好训练强度

在篮球运动技能训练中，人们通常认为训练强度越大，取得的训练效果就越好。经一系列研究发现，这是人们陷入的一个误区。相反，如若体能训练强度超出临界值，将出现不利于篮球运动者身体健康的情况，产生负面的训练效果，损伤他们的身体机能，同时使他们产生较大的不适感和身体疲劳感。

（3）制订科学的训练计划

在篮球运动技能训练中，要通过体能训练提升篮球运动者的技术水平，并把体能训练穿插于日常的技术训练过程中。要按照运动者的实际身体状态和特点，制订较为合理、科学的体能训练计划，实施动态的优化和调整，以便在实际的训练过程中，使篮球运动者能够保持对体能训练的新鲜感，避免因一成不变的内容降低篮球运动者的训练效果，使运动者感到枯燥乏味。

2. 发展趋势

（1）体能训练方式和技术更先进

我国的训练团队将会吸收和采用国外先进的篮球运动技能训练方式，应用大数据技术，对篮球运动者每次训练前后产生的效果和能力数据等进行跟踪，并选择灵活多样的训练技巧，动态改善篮球运动训练技术，以便能够适应我国篮球运动者的训练体系。

（2）体能训练占比相对提高

在篮球运动技能训练中，我国当前的实际情况是侧重于技术和战术训练，但我国在体能训练层面并未获得较高的成就，同篮球训练技术水平较高的国家间存在一定差距。但是，随着新时代的发展，我国一些地区已经逐渐认识到体能训练的重要性，将会在训练课中安排专门的时间加强体能训练。

二、足球运动的科学训练

（一）足球运动训练的现状

1. 足球运动训练设施短缺

随着高校持续扩招，进入大学的学生也在不断增多，给高等院校带来诸多影响。针对高校体育设施而言，不管是从数量方面还是质量方面均无法充分满足现代足球教学和训练需求。大学校园中经常会出现数以百计的大学生在同一体育场地进行训练的情况，足球运动训练硬件设施的短缺已经对足球运动训练有序开展产生了严重影响。足球场地与训练器材的充足是确保足球运动训练获得最佳成效的基础，若足球运动训练基础设施不完善，就无法让学生得到有效训练，最终训练的结果也不令人满意。

2. 教育方法陈旧落后

在国内高校足球教育教学中，普遍以教师讲解为主导，教育方法陈旧落后，缺少应有的创新动机和创新思想。加之国内高校现有管理体系和激励机制不完善，也无法充分激发体育教师产生创新动机。虽然有一些高校体育教师在运动训练中会选择运用新颖的教育方法，但是实际运动训练设施与设备无法支持新颖教学方法的实施，极大地限制了高校体育教育方法的创新和发展。实践证明，此种陈旧的教育方法无法获得有效的训练成效，也不符合当前高校足球运动教育发展的现实需求。

3. 轻视足球训练教育

现阶段，在我国高校体育教学过程中，足球是体育教育的重要项目，但其教育训练并没有获得足够重视，主要体现在学校和家长两方面。

一方面，针对学校而言，忽视了对足球运动教育和训练的重视。在各大高校中，不仅足球运动课程整体课时安排较少，而且设置的课程也只是对大学生展开基础教育与训练，未能对学生展开深层次教育与训练，导致大学生渐渐对足球运动丧失学习兴趣和热情，也难以对足球运动形成正确、客观的认识。

另一方面，对学生家长来讲，他们对足球运动的了解相对片面。在很多学生家长眼中，足球属于一项十分普通且用处不大的运动项目，足球运动所获得的效果也可用其他运动形式来代替。而且，他们认为开展足球运动科学训练需要耗费学生诸多时间及精力，运动强度很大，极易产生运动损伤，进而会对学生文化课程知识学习产生不利影响。学生家长对足球运动存有认知错误，不支持学生参与各种足球运动训练，在一定程度上妨碍了高校足球运动科学训练的发展。

（二）足球运动科学训练的要点

针对高校足球运动科学训练而言，要关注到体能训练和技术训练两个方面，通过这两个方面满足高校足球教学的实际要求，促进高校足球运动的发展。

1. 体能训练

开展体能训练首先需要注重力量训练的作用，这样才能更好地为后续的体能训练奠定良好的基础条件。

（1）注重力量训练在体能训练中的地位

对于一名足球运动员而言，技术水平的高低、对抗能力的强弱、力量素质的高低都是重要的指标，并且和竞技水平有着直接的关联，如运动员带球跑动的速度直接关联到体能。足球运动发展至今，讲求的是攻守平衡，但是在这一基础上又倾向于攻击。在足球比赛中，由于存在激烈的对抗，加速、跑位、身体接触等都与运动员的力量素质有着直接的关联，如巴西、西班牙等足球强国都非常注重运动员的力量训练。因此，对于高校足球运动科学训练而言，力量素质训练就成为关键之点。在日常的足球运动训练中，应该尽可能开展力量方面的训练，强化学生自身力量，为后续的技术训练提供基础条件。

（2）优化体能训练方式

在足球运动科学训练中，还需要格外加强对运动员的体能全面训练，因为完成一场比赛必须有体能予以支持。与专业运动员相比，高校的学生在球感、技术、球龄等方面都要逊色不少。在高校足球实际训练过程中，要将学生的足球意识结合到体能训练当中，实现体能训练效果的提升。在足球体能训练中，需要对原本单一的训练加以调整，从而满足综合化的体能训练要求，在训练中达到技术训练与体能训练的平衡，确保有效开展足球训练活动。

2. 体能训练中搭配的技术训练

相对于战术、体能以及综合训练，技术训练不可或缺。就目前的高校足球运动技术训练而言，需要考虑以下几点。

第一，从简单到复杂，从初级到高级，进行循序渐进的训练。笔者在分析大量科研数据之后，发现足球技术训练主要是为了实现应用效率和应用质量的全面提升。作为足球教育工作者，要坚持从简单到复杂、从初级到高级的基本原则，在循序渐进之中完成从原本单一的技术训练朝着复杂技术训练的过渡，这样才可以让学生在牢牢掌握相关技能的同时对不同的技术进行融合，这样技术训练和体能训练才能实现衔接方式、组合方式的转换，为后续开展教学工作奠定良好的基础。

第二，开展实战演练性的体能训练，通过这样的方式可以实现高校学生足球运动水平的全面提高。就目前的高校足球运动训练发展而言，提升学生的技术水准，同时配合实战演练提高学生的体能是至关重要的。因为实战演练可以从根本上帮助学生提升技术应用能力、体能水平，并且为其后续相关技术动作的熟练掌握提供良好的基础条件。所以，在高校内部可以针对足球运动尽可能开展实战演练，利用实战的模式提升专业训练水平，利用实战增加学生的经验，使学生在实战中不断提升技术、改善技术，提高体能，寻找适合自己情况的足球训练之路。

三、排球运动的科学训练

（一）排球运动的特点

1. 排球运动具有群众性和组织性

排球运动是适合各个年龄段与性别的群众活动，无论是对场地还是对规则都没有很严苛的要求。对于场地而言，要求在空闲场地即可，如沙滩、公园、草地等。规则易懂，只要掌握规则，双方就可以进行比赛，比赛的强度没有固定要求，因此在群众中容易广泛开展。排球是一项具有组织性的运动，除了发球以外，都需要组织集体配合完成技战术动作才能使队伍胜利。没有组织性的配合很难发挥集体战术的作用，再好的队伍没有集体组织意识，也难以在场上获得高分。

2. 排球运动具有攻防技巧性与对抗性

在排球比赛中，一个队伍中场内的六位队员进行轮换，使球在不触地的情况下运行，这就对场内每一位队员的各项进攻与防守技术的要求更高。队员需要全面掌握进攻与防守技术，才能在比赛中更好地利用空间感知赢取比赛。比赛过程中，队伍之间始终具有激烈的对抗性。在赛场上有赢则有输，拿下高分的关键是扣拦网。想要赢取一分，通常需要多个回合，体现了排球运动强烈的对抗性。

3. 排球运动能够提高心理与智力水平

排球运动的强度可以自行控制与选择。在赛场上，运动员的精神要高度集中，准确判断来球方向与位置，移动速度要快，这就会提高人的兴奋性，增强运动员的心理承受能力。在进行强度较轻、对抗性较小的排球运动时，可以使忙碌了一天的人放松心态，愉悦心情。众所周知，四肢与脑是串联在一起的，四肢灵活运动的同时脑也需要迅速运转。在排球运动过程中，需要上肢的发球、接球以及脚步的快速移动，这就刺激了脑细胞运转，从而起到促进智力发展的作用。

4. 排球运动可以提高身体素质

排球是一项需要精神高度集中的运动，无论是在空中飞行的球还是队伍之间的对抗，都需要参与者及时做出相应判断，以更快的速度做出各种击球动作，对参与者的速度、力量、灵敏性以及协调能力要求颇高，从而增强参与者的身体素质、促进健康。排球运动有利于培养团队之间的集体主义精神，培养吃苦耐劳、坚强的意志品质。长期参与排球运动可以提高心肺功能以及呼吸系统功能，跳跃动作能促进青少年儿童骨骼的生长发育，增加骨骼弹性，有利于青少年增高，促进血液循环，提高肌肉感知能力。可见，排球运动可以提高身体素质，有益于控制各项身体指标。

（二）排球运动科学训练的要点

1. 强化基础体能训练

在开展排球运动科学训练的过程中，要强化基础体能的训练，通过夯实学生的身体基础，提升其深入训练的效果。在体能基础训练过程中，要配合合理的膳食，提升学生的综合身体素质；要对身体基础体能训练常抓不懈。很多高校在开展排球运动训练的过程中，往往过于注重技巧性的灌输，忽视了基础的体能训练，导致学生的体能跟不上，排球技巧也无法发挥出来，制约了排球训练综合效果。作为排球教师，要认识到现代排球运动训练发展的趋势，结合最新的体能训练理念，提升综合训练效果。

2. 强化排球技巧的训练

排球是一项技巧性极强的运动项目，在开展排球运动训练的过程中，教师要根据当前排球运动的最新发展趋势，借鉴世界顶尖的战术体系，同时结合学生的实际情况，探索构建科学的战术体系，适应当前排球运动项目发展趋势，提

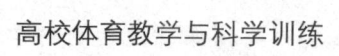

升排球训练的综合水平。在构建战术体系的过程中，教师不能一味追求新、奇、特，而是要坚持实效性目标，保障战术体系的应用性，提高排球战术的实用性，通过优化战术配合，实现排球运动训练效果的有效提升。

3. 注重团队配合能力的训练

在开展排球运动训练的过程中，要坚持团队配合训练。在高校体育教学中，排球作为一项团体项目，很多学生自身的素质和技巧都较好，但是在比赛中，往往不能与团队有效磨合，进入角色的速度往往不够理想，制约了自身能力的发挥。因此，探索科学的团队配合训练模式，让每个学生在项目体系中都能找到自己的位置，对于真正发挥个人作用具有重要的意义。作为教师，要根据团队配合的实际情况，有针对性地选择训练模式，注重团队训练的实际效果，让每个学生都能将自身的能力最大化发挥，提升排球运动的综合竞技能力。学生在训练过程中也能强化团体意识，更好地融入排球队伍，实现自身能力的进一步提升。

4. 强化排球文化的渗透与排球精神的培育

在高校体育教学中，很多教师在排球训练过程中，过于注重学生的技能训练，对于排球文化渗透和排球精神培养不够重视，导致训练强度很高，但是训练效果不够理想。在排球运动科学训练发展过程中，融入排球精神和排球文化有助于提升学生的综合素质，让学生在排球训练发展道路上走得更远。排球精神和排球文化的作用毋庸置疑，通过精神文化的支撑，可以让学生更深层次地理解排球项目，提升对排球的认知，进而将自身的理解融入表现，切实提升排球运动项目综合训练效果，适应当前排球运动项目的发展趋势。

（三）排球运动科学训练的优化策略

1. 探索多样化的排球训练模式

开展排球运动多样化训练，目的是获得更佳的训练效果。在高校排球运动教学中，教师要选择合适的环节来开展训练。在开展训练的过程中要考虑各个环节的重点、组织的方式、学生的体能条件以及学生的认知水平等因素。在排球运动科学训练的过程中，学生的积极性被充分调动。据相关学者的分析，排球多样化训练有利于打造轻松的体育训练氛围，调动学生的训练积极性，也能充分锻炼学生的体能，使学生的身心都得到健康的发展。

2. 优化排球运动科学训练理念

在高校体育教学中，排球运动科学训练目标的实现需要理念的支撑，理念就是学生的全面培训，包括多样化的思想培训、过程培训等。这些方面的培训做到位对学生全面发展有重要意义，并且能保证排球课程训练目标的顺利实现。排球教师在这个过程中要尽可能调动学生对排球项目的积极性，保证学生能够充分理解、参与排球运动，并在训练过程中牢牢掌握排球技巧。对于学生来说，这也是提高身体素质的完美途径。

首先，要让学生充分了解排球运动的文化，以及感受到赛场上热血沸腾的氛围。真实的比赛，更能直观地让学生体会这种感觉。因此，在教师的组织下，尽可能带学生到真实的赛场上观看排球比赛，在观看的过程中用摄像机录下有训练意义的片段用于之后的训练中。学生对亲眼看到的场景总是印象深刻，在看到教师借助摄像机记录下来的比赛视频时，会重新记起自己看到的场景，这样训练效果会更加显著。如果没有去现场观看的机会，教师也可以利用多媒体播放排球影片，激发学生的体育训练兴趣。

其次，在具体的排球运动科学训练中，教师可以应用摄像机记录学生的跑动和扣球过程。每一个学生的视频都有可能被挑出来作为具体的分析对象，可以有做得比较好的视频，也可以有做得不是特别好的视频。让学生自己找出值得学习的地方和需要改正的地方。通过大家一起分析，逐步提高学生的技能水平，在有限的时间内使学生改正缺点，发扬优点。

最后，排球运动科学训练最核心的还是在教师的组织下开展排球比赛。学生对体育竞技充满着兴趣，也会拿出十分的热情去完成比赛。在球场上，教师要充分保证学生的安全，做好保障工作，时刻关注学生的比赛状况。一场比赛下来，教师应趁热打铁，规范学生的行为和思想，也对其动作和技巧做出正确指导，训练效果一定会大大提升。

四、乒乓球运动的科学训练

（一）乒乓球运动科学训练的影响因素

乒乓球运动科学训练质量影响因素很多，主要包括教师因素、学生因素、训练因素和环境因素。教师因素包括教师的身体素质、心理素质、理论知识、训练操作能力与执教能力、职业素养等；学生因素包括学生的身体素质、心理素

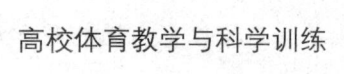

质、运动智能等；训练因素包括训练理论指导、训练的系统性安排；环境因素包括竞赛规则、场地设施与设备、领导的重视程度等。客观分析这些影响因素，是研究提高乒乓球运动科学训练质量的途径的必要前提。

1. 教师因素

在乒乓球运动科学训练中，教师是开展运动训练计划制订、运动训练实施、运动训练评价等一系列工作的重要人员，是组织者、参与者、监督者、协调者。教师的身体素质、心理素质、理论知识、训练操作能力与执教能力、职业素养是影响大学生运动训练质量的主要因素。目前，在乒乓球运动科学训练中，部分教师缺乏过硬的身体素质，导致陪练效果不佳。部分教师缺乏过硬的心理素质，面对问题和困难时难以保持临阵不慌的平稳心态。部分教师仅有丰富的乒乓球专项知识，但对乒乓球运动训练相关知识知之甚少。知识匮乏会导致教师在运动训练中遇到非乒乓球专项知识的问题与困难时不能及时处理，进而降低运动训练质量。部分教师虽然掌握丰富的理论知识，但将理论知识应用到运动训练实践中的操作能力弱，无法做到"知"与"行"的统一。部分教师还存在执教能力低和职业素养低的问题。教师以上问题的存在，都会降低乒乓球运动科学训练质量。

2. 学生因素

在乒乓球运动科学训练中，学生是训练的主体。学生的身体素质、心理素质和运动智能是影响乒乓球运动科学训练质量的主要因素。乒乓球运动对学生的协调素质、柔韧素质、力量素质、平衡素质都有一定的要求。但目前，部分学生在协调素质、柔韧素质、力量素质、平衡素质某一或某几个方面发展水平低。心理素质方面，乒乓球运动的比赛特点要求学生具备良好的心理素质。但目前，部分学生存在紧张、恐惧、自卑等心理问题，导致训练过程中动作迟缓、注意力不集中、配合能力弱。运动智能是学生顺利进行运动训练和专项比赛所需的智能，包括敏锐的观察力、良好的记忆力、高超的模仿力等。但目前，部分学生在观察力、记忆力、模仿力等某一个或某几个方面发展水平低。

3. 训练因素

训练因素包括训练的理论指导、训练的系统性安排。青少年乒乓球运动训练是一个长期、复杂、系统的过程，需要科学的理论作为指导思想。我国竞技乒乓球在不断向前发展，同时乒乓球专项比赛要求也在不断变化，这都要求乒乓球运动训练理论不断发展变化。但目前，我国部分学校、乒乓球俱乐部的青少年乒乓球运动训练存在运动训练理论陈旧、过时的问题，导致运动训练理论对运动训练活动的解释能力、预见能力薄弱，进而降低运动训练质量。乒乓球运动训练的阶段性、周期性特点，要求教师在指导训练前必须做出一个系统性的安排。但目前，部分教师在训练前未做系统性安排，导致训练过程混乱、训练缺乏步骤性、训练中的重点和难点不明晰，降低了乒乓球运动训练质量。

4. 环境因素

乒乓球竞赛规则是影响乒乓球运动训练的一个主要环境因素。任何脱离、违背乒乓球竞赛规则的运动训练都是无意义的。但目前，部分教师在指导大学生进行运动训练时，仅重视技术动作训练，忽视乒乓球竞赛规则的研究和利用，导致大学生的运动技术发展方向与乒乓球竞赛规则发展方向不一致，降低了运动训练质量。乒乓球场地设施是影响乒乓球运动训练质量的另一个环境因素。如果乒乓球场地设施不完善、质量低，不仅会降低大学生参与训练的热情，而且容易造成大学生运动损伤，进而降低运动训练质量。另外，领导的重视程度也对乒乓球运动训练质量有很大影响。如果领导不重视教师和大学生对乒乓球运动训练提出的意见和建议，不重视教师队伍建设，不提供比赛机会，就会大大降低乒乓球运动训练质量。

（二）乒乓球运动科学训练的优化策略

1. 加强教师队伍建设

（1）加强教师的身体素质锻炼

教师指导学生训练时，要通过动作示范、陪练等方式，增强自己的身体素质。在训练课之外，教师也要积极进行体能训练，使自己的身体素质符合乒乓球运动训练指导工作的要求。

（2）加强教师的心理素质培养

教师要内心强大，肯定学生的个体差异以及学生运动技术水平提高的阶段性、长期性，不急于求成。训练中遇到问题，教师要冷静分析产生问题的根本原因，保持平稳心态。

（3）加强教师的理论知识教育

领导要定期组织教师学习乒乓球运动专项知识及相关学科知识。领导可以邀请这些学科的专家协助教师开展运动训练指导工作。

（4）提高教师的训练操作能力与执教能力

教师要积极地将所学的理论知识应用到运动训练当中，边实践，边总结，

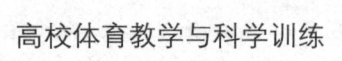

根据运动训练实践中遇到的具体问题，准确地予以分析，大胆做出超前于现有理论的判断。

（5）培养教师的职业素养

领导要定期组织乒乓球教师职业素养培训活动，培养教师的品德素养。大量的实践证明，教师的品德素养越高，越能得到学生的认可、尊敬、喜爱，从而增强学生参与训练的积极性和主动性，提高训练质量。

2. 促进学生全面发展

（1）加强学生的体能训练

青少年阶段是人身体发育的黄金阶段。加强大学生体能训练，不仅能增强其体质健康，而且能使他们早日具备乒乓球运动专项身体素质。为此，教师要将体能训练贯穿于乒乓球运动技术训练全过程，使体能训练产生不同的效果。

（2）培养学生的心理素质

虽然大学生心理趋于成熟，但在面对困难与挫折时依然容易出现紧张、恐惧、自卑等心理问题。为此，教师要加强学生的心理训练。在运动训练期间，教师要通过模拟正式比赛、突然改变训练条件、人为提升训练难度等多种方式培养学生过硬的心理素质。

（3）发展学生的运动智能

教师要在肯定学生思维发展水平的基础上，结合乒乓球运动专项特征和比赛要求，发展学生的运动智能。

3. 鼓励教师在运动训练中改革创新

基于竞技乒乓球运动不断向前发展的趋势，教师应当具备与时俱进的意识，加强乒乓球运动训练理论的学术研究，尝试创新符合当前乒乓球运动训练的前沿理论，然后大胆将理论应用到运动训练实践中，一边实践，一边总结，不断增强理论的科学性。在运动训练期间，为了增强运动训练的系统性，教师可运用工程原理构建运动训练结构。

在乒乓球运动科学训练中，运动训练质量监控是保证运动训练达到规定质量而采取的各种监控措施、手段和方法。在乒乓球运动科学训练中，教师应加强以下三个方面的质量监控：一是阶段性质量监控；二是小周期质量监控；三是训练课质量监控。阶段性质量监控内容全面，重视监控过程的测试工作，它要求教师科学确定阶段性质量监控的监测项目以及阶段性检查指标；小周期质量监控的内容主要为大学生某一项乒乓球运动技术（战术），要求教师根据阶段性质量监控计划的要求以及乒乓球运动技术（战术）发展趋势确定质量监控的监测项目；训练课质量监控的内容包括训练准备、训练态度、训练过程、训练手段以及训练负荷，它要求教师根据每一堂训练课的课程目标和具体要求确定质量监控的监测项目。任何一个方面的质量监控，都要求教师能够客观分析影响乒乓球运动训练质量的内外部因素。

除以上工作外，教师要对近两年大型体育竞赛（如2020年奥运会）中的乒乓球比赛情况进行科学分析与研究，探讨今后乒乓球发展的主要方向，进而有目的地组织运动训练。另外，在场地设施方面，教师要尽量安排完善、质量高的场地设施。教师要积极应用前沿科学技术，如大数据技术、物联网技术、虚拟现实技术等开展大学生乒乓球运动科学训练，提升训练质量。

五、羽毛球运动的科学训练

（一）羽毛球运动训练的现状

高校羽毛球运动在训练过程中，受到多种因素的影响，使得高校羽毛球运动在训练内容、训练方法等方面存在一定问题，这些问题的存在无疑导致羽毛球训练缺乏成效，在很大程度上限制了羽毛球运动相关作用的发挥。

1. 高校羽毛球运动训练内容不完整

高校羽毛球运动在训练的过程中，为了保证其训练成效，发挥其积极作用，需要对学生的发球、击球、扣球等基本动作进行有针对性的训练。从过往经验来看，羽毛球动作的规范性，对于羽毛球运动训练的成效有着深远影响。从羽毛球运动训练工作的实际开展情况来看，教师在训练内容的确定过程中，缺乏层次性、系统性，忽视了对学生羽毛球基础动作的强化训练，而是突出高难度技巧的练习，这种羽毛球运动训练方式，导致学生羽毛球基础动作、基本技能的缺失，影响了羽毛球运动训练的成效，同时高难度动作的加入，也增加了羽毛球运动训练的难度以及提高了发生意外事故的概率。

2. 教师羽毛球运动训练指导不完善

尽管羽毛球运动的入门难度较低，但是它对发球、击球的技术要求较高。例如，在羽毛球比赛的过程中，比赛选手需要根据羽毛球的运动轨迹，灵活调整自身挥拍的速度、挥拍的力度等，使羽毛球能够在特定的位置坠落，从而获得比分。这种运动特性，要求高校教师在指导学生进行羽毛球运动训练的过程中，进行系统性、完善性的针对性训练。但从实际情况来看，部分高校在开展羽毛球运动科学训练的过程中，没有真正认识到羽毛球运动的特殊性，在训练内容的确立方面存在误区，忽视了专项练习，没有对学生在羽毛球比赛中暴露出的动作不规范等技术问题进行针对性调整，从而导致学生形成了不规范的羽毛球动作，对羽毛球训练效果的提升产生了极为不利的影响。

3. 缺乏对高校羽毛球运动训练的重视

尽管近些年来社会对羽毛球运动的关注度不断提升，观众数量逐步增加，但是从实际情况来看，羽毛球与足球、篮球等体育项目相比，仍旧处于劣势，受众群体仍旧较少。在这种情况下，高校对羽毛球运动的重视程度不高，从而影响了高校在羽毛球课程开设、器材配备、场地设置等方面的工作。训练资源的缺乏无疑影响羽毛球运动科学训练的整体成效。

（二）羽毛球运动科学训练的方法

现阶段，我国大多数运动均朝着高水平方向发展，对训练方法的科学性提出了更高要求。近年来，随着羽毛球运动在体育界的地位不断提升，对教师的训练方法提出了更严格的要求，要求教师遵循运动训练原则，通过专业化教学模式传授知识与技能，促进学生专业水平与身体素质的提升。

1. 多球训练

羽毛球的多球训练法是指教师在场地一侧通过连续发出一定数量的羽毛球，学生在场地的对侧接住教师发出的球的一种训练方法。教师通过这种方法训练学生的某项技术或某几项技术，能够实现学生羽毛球技术水平的有效提升。多球训练法可以根据羽毛球技术特征分为高远球技术多球训练、劈吊球多球训练、滑板吊球技术多球训练、网前推球技术多球训练等，教师在训练过程中可以通过模拟实战的方式对教学进行组合设计，使多种技术能够有效运用。在经过训练后，学生的技术能力与有氧代谢能力将会得到同步成长。

（1）训练目标

教师在训练过程中不断提升发球数量并加快发球频率，实现训练数量与质量的同步提升，帮助学生有效掌握羽毛球技术并实现强化。在学生出现身体疲劳的情况后，继续展开训练可以使学生保持技术的稳定性，提升成功率并控制失误率。另外，多球训练能够帮助学生突破极限，实现意志品质的全面强化。

（2）教学组织

在多球训练法实施的基础阶段，应该坚持以实践为主而以讲解为辅，教师在球场一侧控制发球速度，从5分钟50球逐渐向5分钟100球提速，学生在另一侧接住教师发出的球，教师观察学生的动作并根据击球效果引导学生进行调整和规范。多球训练需要由固定轮数构成，学生按照既定路线进行全场移动，第一轮选择后场击打高远球，第二轮选择后场吊直线球，第三轮选择后场吊斜线球等，在5分钟内轮流接球直至击打完毕。

（3）训练要求

大学生在羽毛球运动训练过程中要保持拍形的一致性和稳定性，搓、勾、挑等动作动摇一致，在网前球的处理过程中要坚持抢击球高点。在击后场球时，后退步采用侧身并步，拍形在高远球和吊球时均保持一致性，逐渐形成跳起空中击球习惯，即使身体感觉疲劳也要保持动作稳定和步伐标准。在大脑和身体处于缺氧疲劳的状态下，学生依然要保持清醒意识，正确处理击球。在多球训练过程中，教师要注意促进学生坚韧不拔意志品质和吃苦耐劳精神的形成。在多球训练中，教师的发球速度要略快于学生的移动速度，从而有效发挥牵引作用。如果在训练中学生暴露出错误动作，教师要避免停球指导，而是应通过口头提醒的方式让学生发现错误之处，同时在下一步的击球训练中做出调整。如果学生在多次提醒下依然没有做出调整，那么教师要停球纠正。当学生在训练过程中逐渐进入极限状态后，教师要避免立刻停止训练，而是应该适当减慢发球速度，使学生能够度过极限状态；激励学生坚持完成训练，这对于学生意志品质的培养具有显著的作用。

2. 步法训练

在羽毛球运动训练中，学生要通过判断羽毛球在空中的飞行轨迹来移动步法进行击球，所以步法训练也极其重要。该项训练包括以下内容。一是起跳腾空步法。在训练中此种步法较为常见，一般用于接高远球时。学生可采用立定跳高的方式，训练自身的弹跳能力，具体措施为：首先脚下移后位，再双脚凌空跳跃，准确掌握球的制高点，促进自身高远球能力提升。二是上网步法。该步法主要用于学生运球、接球，在实际训练时，可根据学生实际站位来选择。若学生站在前面，可采用两三步交叉上网方式；若想要加速上网，则可采用垫步上网方式。三是后退步法。该步法在羽毛球运动训练中也较为常见，要求教师重视正手和反手退步的双向训练，促进学生接球与运球能力提升。

3. 实战训练

羽毛球运动训练对学生身体机能与器官技能要求较高，学生应具备承担高负荷运动量的能力，因此需采取一系列专项技能训练方式，在日常训练中尝试以不同模式开展实战训练。例如，可每周举办2次团体对抗赛，对正规比赛环境和氛围进行模拟，此训练模式也有利于培养学生的抗压能力与心理承受能力。另外，可采用2∶1、1∶1式半场战术，促进学生运动能力的发展及战术应用能力的提升，使学生形成独具特色的打法。应加强得分技术巩固性训练，促进学生成功率、准确性的提升。学生经过训练积累一定实战能力后，教练应重视实战对抗环境下战术运用的训练，使学生能够灵活使用战略战术击败对手，将进攻动作衔接起来，在进攻与防守之间自由转换。此外，还应对球的速度进行控制。由于羽毛球击球的速度与挥拍力度直接相关，但总体上处于平衡状态，可通过多球训练促进羽毛球运行速率的提升。学生还应具备较强的反应能力，在日常训练中加强此方面的练习，才能在实战中游刃有余。

第二节　田径运动的科学训练

一、田径运动训练的现状

高校田径运动科学训练管理，应充分发挥人力、物力、财力的作用，调动教师和学生两方面的积极性，合理配置资源，协调各项工作，实现科学管理、灵活管理、人性化管理，从而保证田径队训练效果。但从思想观念、人力、财力、物力几个方面分析高校田径运动训练，还存在许多问题，具体包括以下五个方面。

（一）田径训练理念落后

与时俱进的田径训练理念是高校田径运动训练管理的基础。目前高校田径运动训练的效果仍不理想，很大的原因是受落后训练理念的影响。田径运动项目具有差异性，学生也有不同的情况、不同的特点，很多教师对田径训练的重视度不足，没有区分训练项目的训练方法，也没有根据学生的实际情况制订训练计划。即使制订训练计划，很多教师在后续教学中也不进行调整与修订，周而复始地执行最初的计划。这种"一刀切""不调整"的训练理念、训练方法，并不符合田径运动训练规律，导致人力、物力、财力投入与实际训练结果不对等，造成一定程度的资源浪费。

（二）学业与训练的冲突

平衡课业学习与田径训练计划是高校田径运动训练管理的重要方面。学生不仅要进行田径训练，而且要学习专业课程，训练时间上还有寒暑假的休息期，因此田径运动训练具有课余性、零散性的特点。这致使大学课余田径训练练习时长、练习完整度无法保证，训练计划与学业计划相冲突，不能保证训练进度。目前，许多高校存在因为比赛耽误学习或因为课程安排耽误训练的情况，致使学生顾此失彼，影响高校田径运动训练效果。

（三）田径训练方式比较单一

田径训练与其他项目不同，很多田径项目都需要学生一遍又一遍地进行训练，内容枯燥乏味，久而久之很多学生会对此产生一定的抵触心理。例如，教师大都是采用跑圈和力量训练结合的方式来开展训练：先安排学生进行简单热身，之后开始跑圈，通常是安排2000～3000米的热身，让学生身体肌肉"热起来"；然后教师利用沙袋、杠铃和高低杠等开展力量训练。这种训练方式强度比较大，方式过于单一，久而久之学生很容易对田径训练产生厌烦心理，不利于田径教学的开展。

（四）教师的管理工作不到位

教师是田径运动训练中的主导因素，教师的水平很大程度上决定了田径运动员成绩的高低，所以训练工作管理的重要性不言而喻。但目前高校师资力量有待完善，教师数量和专业能力略显不足。比如石家庄铁道大学田径队队员数量和教师数量不匹配，教师人数只有2人，而田径队队员约40人；并且教师的专业能力有限，无法覆盖所有田径训练项目的指导。教师的培训、薪酬激励方面的管理机制也不健全，如很多高校没有制订持续的教师培养计划，无法帮助教师不断提升训练水平，调动训练积极性。

（五）田径运动训练保障不到位

完成高校田径运动训练需要采取保障措施，如给予田径训练资金保障、基础设施保障。尽管在田径运动训练中用到的器材较为简单，但是田径运动训练对

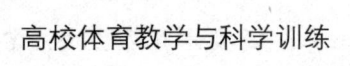

器材专业度的要求很高。目前大多数高校的田径运动训练设施设备还没有达到应有的水平，田径训练场地也无法达到规范标准。另外，我国高校的业余训练经费不足、经费来源渠道较为单一，限制了高校田径运动科学训练的开展。经费主要来源是教育行政部门的统一拨付，由学校下发至体育院系进行管理。

二、田径运动科学训练的优化策略

（一）田径运动训练要掌握规律

田径教师要学习国家田径队训练理念，以人为本、掌握规律、灵活适度、与时俱进。余维立指出，"掌握训练过程"这一理念同样强调掌握规律、灵活适度。教师不仅要把握项目的基本规律，而且要将它与学生个人情况特点相结合，不能"一刀切"，而要"因人而异"。在训练中，教师大多以周为单位制订计划，不加调整，但学生训练具有阶段性、成长性特点，不能按照计划一成不变，应讲求计划的灵活适度，阶段性地调整训练计划、提高训练目标。田径训练管理首先要做的是，促进高校田径教师转变思维模式、改变落后的工作习惯，在思想、观念、方法、技术等方面与时俱进，争取以新的理念取得更好的训练效果。

（二）协调学业与运动训练计划

学生是高校田径运动训练中的主体因素，需要关注学生的学习、训练、生活等各方面关系，为学生解决后顾之忧。课业计划与训练计划两者并不是矛盾的，高校学生应以学业为主，在保证学业的同时进行田径运动训练。这就要求教师与教务处协调上课时间，避免选课冲突，对文化课成绩不合格的学生不能听之任之，应及时加强学生的学业课学习，在学习之外安排训练时间，保证学生成绩的同时，完成田径运动科学训练。教师可以依据学生的训练水平、参赛标准，制订不同时间长度、不同训练方式的训练计划，与此同时，定期关注学生的学习成绩，发现问题，敦促学生及时改进。

（三）加强教师的训练工作管理

学校在招聘田径教师方面，应尽可能引入经验丰富的教师，并实行聘任制考核制，对教师的训练水平和思想作风进行绩效评价，敦促教师不断提升自身训练水平，提高育人能力。教师训练水平的提升离不开对其培训与激励。可以通过学校之间相互学习、经验交流、专项培训等方式提升教师自身能力。在课余田径训练工作中，对教师提出更高要求，实行教师责任制，要求教师在训练时间中做到多观察，及时发现问题；多沟通，及时了解情况；多思考，不断解决问题；突出田径训练的目标导向，灵活完成训练计划，实现教师与学生共同提高、共同成长。学校可以适当地给予政策、资金上的倾向，完善资金福利待遇，提供晋升路径，激励教师专注训练工作，提升教师田径训练能力。

（四）加强多媒体技术的应用

1. 录制微课课件讲解田径赛事视频

在田径运动的体育训练中，教师应该注重挖掘学生的潜力，只有这样才能在体育教学中找到更好的潜力选手。但是由于受各方面因素的影响，教师很难对学生的实际情况进行整体评估。为此，教师可以利用多媒体制作一些视频，针对每一个项目的特点录制微课，还可以收集一些在每个项目中具有较大潜能的学生的运动视频，让学生通过观看说一说他们与自己的不同之处，也可以说一说自己与他们的相同之处。此种模式下能够更好地激发学生的兴趣。教师还可以录制微课，针对运动学中的一些训练方法、运动营养学等对学生进行正确的引导。但是，很多教师并没有找到正确解决问题的方法，他们认为只要利用多媒体播放一些视频就可以改变训练模式，找到更为合适的训练方法。其实并非如此，还需要教师结合实际的训练情况开展教学，以此保证学生能够得到更好的发展。学校也可以组织教师参加一些相关的训练，加强教师对多媒体技术的了解，保证教育得到更好的发展。

2. 利用多媒体讲解技术动作提升学生运动技巧

体育教师要根据田径教学项目来制作多媒体课件，课件应凸显出田径项目的特点，重点讲解运动技巧，让田径训练更有针对性。例如，体育教师在 4×100 米和 4×400 米训练中，可以先利用 PPT 提炼接力赛的重点，如接棒和传棒技巧、400 米跑中体力分配技巧等，并讲解动作要领，简洁的 PPT 可以帮助学生理解接力赛动作技巧。此外，体育教师还可以借助微课讲解接力赛的完整流程，从每一棒的分配开始，第一个要选择爆发力比较强、身体反应比较迅速的学生，最后一棒也要选择奔跑实力比较强和擅长冲刺的学生。教师可以慢动作播放接力赛比赛视频，结合视频来讲解技术动作，等学生熟悉动作要领后再安排学生进行田径训练，组织学生分组进行接力赛训练。学生可以自主回看微课，不断规范自己的奔跑动作。这样的多媒体教学模式既可以激发学生的训练积极性，又可

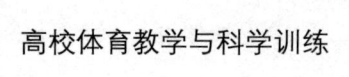

以让多媒体体育教学实现事半功倍的效果。所以体育教师要多利用多媒体来开展训练，如利用多媒体拍摄学生训练视频，对其中的一些数据等进行分析，从而发现学生训练存在的一些问题。

3. 将多媒体融入音乐提升田径训练趣味性

教师在利用多媒体进行田径项目训练时，不能单纯地停留在图片、视频等方式的应用上，而应该找到更为合适的方法，以保证学生得到更好的发展。当前互联网的应用是较为广泛的，为了能够更好地促进学生的发展，学校需要将多媒体与训练结合起来，形成一个较为完善的系统，以此保证每一次的训练都能够更科学、更方便，使最终的效率更高。比如数据管理以及图像处理等，教师可以通过这些模式找到更加直接的方式对学生的实际发展情况进行研究。例如，教师可以在互联网上搜集热身视频，如学生喜爱的音乐啦啦操，让学生跟随着音乐节拍进行热身，把音乐和跑跳、拉伸训练结合起来，让田径热身环节更具趣味性。跑圈是田径训练最常用的方法，教师可以搜集一些动感、青春洋溢的音乐，如《奔跑》《相信自己》和《歌舞青春》等，让学生在音乐声中奔跑，激发学生的训练热情，引导学生享受奔跑的快乐，逐渐打消学生对田径训练的抵触心理。体育教师要巧妙利用多媒体，融入音乐、热身和体能训练小视频，进一步丰富田径训练内容，通过这些新颖的训练内容来激发学生的训练积极性，让学生积极主动参与田径训练，提升田径训练质量。

4. 利用多媒体开展表象训练

表象训练是提升学生田径技能的关键所在，如果体育教师通过讲授、示范、演练的形式，描述清楚具体的田径动作，学生的表象训练就会愈发深刻。但在实际教学中，一些田径动作很难通过语言讲解以及示范就能完成。例如，腾空的技术要领。像这种高难度的动作，教师的示范效果未必精准，如果学生看不清楚，教师也无法反复示范，那么学生就无法树立正确的表象。将多媒体技术引入田径教学，就可通过定格、慢镜头、重播、回放等功能，将动作的全过程科学地演示给学生，并且能保证动作的精确度。教师也可依据学生的反馈结果，抓取关键部分进行重点讲解，帮助学生树立正确的表象。例如，在100米跑训练中，通过播放视频的方式，让学生观看起跑、加速跑、冲刺跑的正确跑姿，将肩关节、腕关节、髋关节的最佳角度展示出来，确定手臂摆动幅度，使学生更好地学习跑步技巧，从而提升授课效率。

5. 利用多媒体培养学生的观察力

教师可以借助多媒体将学生的运动情况记录下来，以 100 米跑为例，教师可以以视频的形式将学生的日常训练过程记录下来，在理论教学中播放视频，引导学生将自己的动作与标准动作进行对比，与同伴以及教师探讨自己的动作与标准动作间的不同，发现自己的动作与标准动作的差距，进而将自身错误的动作及时纠正，在后续的练习以及学习中，有效减少错误动作出现的频率。此外，教师还可通过多媒体，分别向学生演示错误动作和正确动作，引导学生边观察边思考，使其学会在观察中思考。教师还可将视频拷贝或分享给学生，这样学生在训练结束后，可以利用课余时间观看视频发现自己的不足，并进行自我完善。这样的训练模式可以有效提升训练效果，也可培育学生观察以及分析问题的能力。

6. 利用多媒体制订训练方案

随着田径运动的不断发展，学生的身体素养也有了显著提升，田径运动的训练标准也在逐步提高。对此，教师要进一步完善田径训练过程，制订与学生实际相适应的方案。可借助多媒体为学生制订训练方案，这样不仅可以提升训练方案的针对性，教师也可以有效监控学生的训练情况，并为学生提供正确的指导。针对多媒体运动方案的制订，教师可将训练方法、运动营养学以及运动生理学综合应用到一起，还要应用目前实用性较强的运动软件，从而实现运动软件、专业知识以及多媒体间的有效结合。并且运动软件可为教师提供多个训练方案，从而提升训练方案的可选择性、针对性，进而促使田径运动的训练质量有一个整体提升。

（五）加强对资金、设施等保障性资源的管理

高校体育部应充分认识到资金、基础设施等对保障田径运动科学训练效果的重要性。教师或体育部门应尽最大可能为学生申请专门的田径训练场地，为学生配备规范的训练设施，让学生接受更加专业规范的训练，提高训练效率，保证高校课余田径运动科学训练的专业性。这些专业化的场地、设施设备的配置，以及对教师的薪酬激励都需要充足的资金支持。高校田径运动科学训练还需要创新管理思路，拓宽资金来源渠道，可以通过与企业合作、寻求赞助、组织培训项目等方式获得资金支持，从而加大对田径运动训练的投入，为田径运动科学训练创造有保障的训练条件。

第三节 有氧运动的科学训练

一、有氧运动的定义

有氧运动是指人在氧气富裕的空间内所开展的运动形式。在全过程性的运动之中，氧气的供应量是足够的，而此时人体的呼吸系统也仍然能够维持正常的水平。在这种条件下，摄入与消耗是相对平衡的、稳定的，对于人体也不会造成过多负荷，因此在生理上也容易使肥胖者等特殊情况群体接受。一般来说，有氧运动的强度与压力都比较低，主要强调的是规律性节奏的把握与体验。由于其强度比较低，因此往往要求进行的运动时间比较长，一般在 0.5～1 小时。有氧运动一般分为低、中、高三种运动强度，低强度的有氧运动心率一般控制在 120 次/分以下，呼吸表现正常，如步行；中强度的有氧运动心率一般控制在 120～150 次/分，呼吸表现为能够说话，如慢跑；高强度的有氧运动心率一般大于 150 次/分，呼吸表现急促，如正常跑。三种强度的有氧运动供能物质均为脂肪和糖，低和中强度的有氧运动代谢方式均为有氧代谢，高强度的有氧运动代谢方式为有氧代谢+无氧代谢。

二、有氧运动的功效分析

有氧运动有利于心血管疾病的预防。血中高半胱氨酸是引起心血管疾病的独立危险因素之一，而运动能够降低血中高半胱氨酸水平，有利于心血管疾病的预防。同时高强度的有氧锻炼能够提高机体的带氧能力，从而提高心肺功能。有氧运动能够改善血管内皮机能，降低血不良细胞因子，预防动脉硬化。

有氧运动预防骨质疏松症，促使骨骼强健，减少骨折的风险。较为重要的是有氧运动能够预防糖尿病，提高胰岛素的敏感性，有效地预防糖尿病。

有氧运动可以增加人体内的血红蛋白含量，提高人体的免疫力。有氧运动对于促进心理状态调试以及释放压力都具有显著作用。如今人们的学习与工作压力日益增加，经常性陷入迷茫、紧张与焦虑的情绪旋涡之中。有氧运动能够使人在适宜的运动情境与相对放松的运动环境中，暂时忘却各种烦恼，全身心投入运动，充分感受运动的魅力。同时排汗也能够代谢出身体中的一系列垃圾，在解压以及调适心理障碍层面具有显著的作用。

三、有氧运动科学训练的优化策略

（一）健身走

走是人们生活中最基本的运动形式之一，也是人们最早掌握的健身方法。千百年来，健身走长久不衰，原因是它不分年龄、性别、体质强弱，不受场地器材的限制，只要坚持就能强身健体，防治疾病，延年益寿。

1. 健身走的锻炼价值

世界卫生组织在 1992 年明确指出，世界上最好的运动是步行。步行时由于下肢肌肉和机体许多肌肉得到活动，可防止肌肉萎缩。科学研究表明：坚持走步的人比一般人腿部肌肉群收缩增多。步行速度越快，时间越长，路面坡度越大则负担越重，表现为心肌加强收缩，心跳加快，这对心脏是个有效的锻炼。医学家认为，一般人一天之内行走不应少于 60 分钟的路程，相当于 5 千米。每天步行少于 1 小时的男子，心脏局部贫血率比每天步行 1 小时以上的男子高出 4 倍。

饭前饭后走步，不仅能增加食欲，促进消化，而且能有效地防治糖尿病。唐代著名医学家孙思邈认为，"食毕当行步""行三里二里及三百二百步为佳""令人能饮食无病"。现代医学证实，步行能提高机体新陈代谢率。糖尿病患者徒步旅行一天，血糖可降低 60 毫克。轻快散步还可以缓解神经肌肉紧张，改善大脑的血液循环，因而可有效地发挥脑细胞功能。

2. 健身走的基本技巧

健身走看似简单，却蕴藏着巨大的学问。掌握健身走的基本技术，形成正确的走姿，可以有效地增强体质和健美形体。

①走路时头要正，目要平，躯干自然伸直，沉肩，胸腰微挺，腹微收。这种姿势有利于经络畅通，气血运行顺畅，使人体活动处于良性状态。

②步行时身体重心前移，臂、腿配合协调，步伐有力、自然，步幅适中，两脚落地要有节奏感。

③步行过程中呼吸要自然，应尽量注意腹式呼吸的技巧，即尽量做到呼气时稍用力，吸气时要自然，呼吸节奏与步伐节奏要配合协调，这样才能在步行较长距离时减少疲劳感。

④步行时要注意紧张与放松、用力与借力之间相互转换的技巧，即可以用力走几步，然后再借力顺势走几步，这种转换可大大提高走步的速度，并且会感到轻松，节省体力。

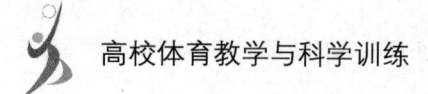

⑤步行时，与地面相接触的一只脚要有一个"抓地"动作（脚趾内收），这样对脚和腿有促进微循环的作用。

⑥步行快慢要根据个人具体情况而定。研究发现，以每分钟 80～85 米的速度连续走 30 分钟以上时，防病健身作用最明显。

（二）健身跑

健身跑是通过跑步有效地增强身心健康的一项群众性健身活动。它虽然不那么吸引人，但确实是最简单、最有效的有氧运动。

1. 健身跑的锻炼价值

（1）保护心脏

跑步锻炼可以使冠状动脉保持良好的血液循环。长期跑步的人，冠状动脉不会因年龄增长而缩窄，保证有足够的血液供给心肌，从而可以预防各种心脏疾病。

（2）加速血液循环，调整血液分布，消除瘀血现象，提高呼吸系统功能

跑步是一项全身性的健身运动，能有力地驱使静脉血液回流，减少下肢静脉和盆腔瘀血，预防静脉内血栓形成。另外，跑步时加强了呼吸力量，加大呼吸深度，有效地增加肺的通气量，对呼吸系统有良好的影响。

（3）增强神经系统的功能，消除脑力劳动者的疲劳，预防神经衰弱

跑步可以调整大脑皮层的兴奋与抑制过程，也对调整人体内部平衡、调节情绪、振作精神有一定的作用。

（4）促进人体新陈代谢，控制体重，预防肥胖症

跑步要消耗能量，促进机体新陈代谢，这是中老年人特别是中年人减肥的极好方法。同时跑步也能改善脂质代谢，预防血内脂质过高，防治高脂血症。

2. 健身跑的基本技巧

（1）跑步时的姿势

跑步时姿势正确，才能跑得快而省力。跑步者的上体要正直微前倾，头与上体在一条直线上不要左右摇晃。两臂的摆动除了维护身体平衡外，还能帮助两条腿的蹬地和摆动，加快跑的速度。摆臂时两臂稍离躯干，前后自然摆动；两手自然半握拳，肘关节要适当弯曲，以肩关节为轴，尽量做到前摆不露肘，后摆不露手，并且注意不要低头、弯腰和端肩。两腿后蹬是推动身体前进的动力，后蹬

时应积极有力，髋、膝、踝三关节充分伸直。腿的前摆可以加大跑的步伐，前摆时大腿放松，顺惯性向前成自然折叠。

（2）跑步时的呼吸

跑步是一项消耗体力比较大的运动。在跑步过程中，要通过肺脏吸收大量氧气和排出二氧化碳。肺的换气量是否充分，呼吸动作是否正确，是疲劳出现迟早的关键。跑步时最好用鼻呼吸，在呼吸深急的情况下，也可用口协助呼吸。呼吸要慢而深，有一定的节奏，一般是两步一呼两步一吸，也可以三步一呼三步一吸。随着跑的速度加快，呼吸深度应加深，节奏加快，以满足身体对氧气的需要。

在进行强度较大的跑步练习时，呼吸频率增加很快，初学者往往会感到呼吸困难。要防止呼吸困难现象的出现，一是要适当安排运动强度和负荷量，要从实际出发，量力而行；二是要注意呼吸动作，调整呼吸节奏和加大呼吸深度。

第六章　科学训练的运动处方与损伤预防

以科学高效的方式提升大学生体质健康，在这个快节奏的科技时代显得尤为重要。运动处方不仅可以提高社会人员的身体素质，也可以在高校进行推广。针对不同体质的大学生进行不同运动处方的分配，能够使不同体质健康问题的学生更具针对性地进行训练，更加科学且高效地解决其自身的体质健康问题。此外，积极预防运动损伤对体育教学和运动训练也具有十分重要的意义。本章分为体育训练处方概述、运动处方的应用与注意问题、体育科学训练中损伤的预防、体育运动损伤的康复调整四部分。

第一节　体育训练处方概述

一、体育训练处方的概念

体育训练处方是指根据每个准备从事体育训练的个体的身心状况而制订的一种定量化的周期性体育训练计划。因为给个体制订的健身方案很像医生开的处方，所以世界各国普遍把"处方"这个词援引到体育领域。我国通常称体育训练处方为运动处方或健身运动处方。

运动处方实施的目的是恢复、保持甚至加强人体的体能以及健康。运动处方的制定者通常是相关的专业人员，他们通过了解训练人员的身体情况、训练项目适应情况以及想达到的训练效果为训练人员科学地制定运动处方并对其身体机能进行评估。

运动处方主要解决两类人群的需求，一类是健身人群，另一类是运用运动处方进行康复治疗的人群。这两种运动处方都是目的性强、具有个体化特点的运动过程。运动处方经常与化学、物理、营养或药物疗法一起使用。和药物处方的制定相同，运动处方必须遵循安全性、有效性以及科学性等基本原则。近年来，临床越来越多地使用体育训练以及运动康复等治疗方法，使得运动处方和健康机能评测越来越重要，因而运动处方是一个非常值得研究的课题。

笔者通过对相关文献进行查阅，并研究运动处方对应的理论知识，对运动处方做出如下认识：运动处方是依据病患或健身爱好者的身高、体重、康复检查、运动适应能力、医学诊断、体能测试或身体素质等的实际情况，由康复医师或体育指导人员、体育教师、私人教练等，按照运动处方需求人员的身体健康状况、身高、体重、年龄以及运动器官适应能力，结合相关经验及实际条件，为运动处方需求人员制定合理的训练项目、训练时间、训练频率以及训练强度，并提醒训练过程中的注意点的过程。运动处方的目的是有计划并科学地进行康复治疗或强健体魄。运动处方与临床医生依据不同病症为不同病人开具医疗处方类似，所以定义其为处方。

总的来说，运动处方针对的是不同个体的身体健康状况，以处方的形式为不同身体状况的个体制定具有针对性的训练内容和训练强度。

二、体育训练处方的产生

生命在于运动，古今中外的可追溯历史中皆有通过有针对性、有计划、科学的锻炼以达到健身或治病目的的案例。"五禽戏"是华佗提出的一套模仿禽兽动作的体操模板；古希腊医学家希波克拉底是有记载以来最早用体操来治病的医生，他的著作《运动疗法》《健身术》是运动处方的萌芽。

美国学者卡波维奇首次提出"运动处方"一词，直到20世纪60年代末，世界卫生组织正式使用"运动处方"一词，这一概念才逐渐被大家认可。虽得到认可只有短短数十年时间，可人类在利用运动管理疾病方面的实践已有数千年的历史。

英国学者摩根等人创造了"巡回锻炼法"。在体育锻炼过程中设立多个站点，并以身体最大体能的50%或70%作为其运动强度，按照原先设立的站点进行循环锻炼。经过一段时间的训练之后再测最大体能，然后按照新的最大体能的50%或70%进行锻炼。该方法在形式和内容上都与现代运动处方类似，标志着运动处方的理论及实践取得突破。

1991年，田继宗教授在国家课题"增强学生体质的实验研究"中对运动健身处方的研究取得突破性进展，探索出增强学生体质的运动处方。1993年，学者刘纪清等人编著的《实用运动处方》一书中详细地介绍了运动处方的制定方法和步骤。

世界范围内已非常重视运动处方对于提高民众综合身体素质，保持健康生活方式的重要作用。运动处方已成为世界各国实现国民健康计划的重要内容，关于运动处方的理论和实践已经较为完备。

然而，目前我国能准确地开出专业性强、严格执行、合理正规的运动处方的医疗单位仍不够普及，国内的医师或单位只是根据经验，以建议或口头形式向患者提出要求，在专业性、规范性和法律性等各个维度上尚不够统一，实施效果也受到很大限制。因此，在我国加强运动处方理念的普及和实用推广，深入推进对运动处方的研究和学习工作，具有十分重大和深远的意义。

三、体育训练处方的分类

（一）按运动处方对象分类

1. 健身性运动处方

健身性运动处方较为常见地使用在人们的日常生活中，如学校的体育教学中和运动健身房中。针对受众的不同身体机能、身体素质、健康情况和接受程度等各方面因素，统计数据信息，分析问题，比较结果，再根据实际需求制订健身计划，选择合适的健身场所和健身器材等，通过数据分析后设计运动处方，完成相应的教学、健身目标。

2. 治疗性运动处方

治疗性运动处方又称康复性运动处方，多用于辅助疾病患者和伤残人士等，以提高他们的身体健康水平和恢复速度等。治疗性运动处方包括心脑血管疾病患者运动处方、高血压疾病患者运动处方、糖尿病患者运动处方、新型冠状病毒肺炎患者运动处方、肥胖症患者运动处方、手足残疾患者义肢康复训练运动处方等。

3. 竞技性康复处方

竞技性康复处方也可以称为运动训练计划，主要针对的受众是从事专业性极强、运动强度极大、竞技水平极高的运动的特殊人群。例如，为专业运动员所从事的专项项目以及根据他们的年龄、性别、体质、个人体能等不同要素水平而特定的运动处方。通过为他们制订有针对性的训练和康复计划，指导他们进行科学规范的训练，从而提高身体素质和竞技水平。

（二）按锻炼的器官系统分类

1. 心血管系统康复的运动处方

这类处方优先将受众群体心血管系统的健康保护和机能恢复纳入最重要的考量因子。根据心血管系统由遍布全身的运输血液的不同器官组成、以胸腔内的心脏为中心、为全身输送必不可少的血液的特征，综合考虑心血管系统出现的健康问题，制定科学合理的康复运动处方。该处方旨在保证受众群体的心脏在神经系统控制下稳定地收缩和舒张，保证血液在全身的充分流动并合理运送至各个器官和组织，由此提高心血管疾病患者的健康水平。

2. 运动系统康复的运动处方

这类处方优先考虑受众群体的运动系统，即由骨、骨连结和骨骼肌及其组织组成，主要功能是控制运动，并支持人体头、颈、胸、腹、四肢等基本形态和行、坐、卧、跑、跳等体姿，保护颅腔、胸腔、腹腔、盆腔和脏器等一整套复杂的完备体系。运动系统康复的运动处方对于韧带损伤、肌肉肌腱断裂、关节软骨损伤等运动系统的损伤康复有较强的针对性，对于运动系统受损患者的健康恢复和保护有很好的效果。

3. 神经系统康复的运动处方

这类运动处方优先治愈和保护受众群体的神经系统，即机体内对生理功能活动的调节起主导作用的系统，主要由神经组织组成，分为中枢神经系统和周围神经系统两大部分。中枢神经系统又包括脑和脊髓，周围神经系统包括脑神经和脊神经。基于神经系统受损的"疾病与障碍共存"的特点，应设定康复训练和治疗同时进行的运动处方，如良肢位的正确摆放、床上训练、坐位训练等，改善患者的运动功能、感知功能、情感认知功能、语言功能、吞咽功能、排泄功能和心肺功能等，促进患者神经系统受伤后的恢复，提高其健康水平和身体素质。

4. 呼吸系统康复的运动处方

这类运动处方优先治愈和保护受众群体的呼吸系统，包括鼻、咽、喉、气管、支气管及由大量的肺泡、血管、淋巴管、神经构成的肺，以及胸膜等组织。考虑到可吸入颗粒物、气温、有毒有害气体、细菌病毒等因素带来的呼吸系统疾病和障碍，有针对性地提出呼吸系统康复的运动处方，如肺部治疗、全身运动锻炼、呼吸锻炼、呼吸肌锻炼等方式，促进呼吸道分泌物引流，改善呼吸模式，增强呼吸系统的肌力和耐力，最后从心理状态和生理功能等综合层面治疗和改善患者的呼吸系统。

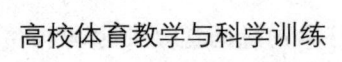

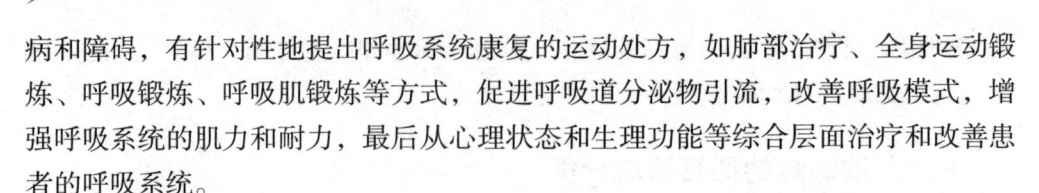

（三）按测定人群的年龄段分类

1. 幼儿运动处方

幼儿运动处方是为 3～6 周岁的儿童制定的特殊运动处方。儿童的健康成长离不开科学规范的运动，依据儿童不同的身高体重、身体机能、身体素质和可承受的范围制定不同运动处方，利用运动处方指导儿童进行合理的快乐的适量运动，对增强儿童免疫力和体质提升有不可或缺的作用。幼儿运动处方更应该注重器材和场所等，确保其安全性得到有效保障。

2. 青少年运动处方

青少年运动处方是为 7～19 周岁的孩子制定的特殊运动处方。少年强则国强，青少年健康的身体素质和完备的体魄对祖国未来发展和社会进步有着至关重要的作用。依据青少年不同的发育程度和身体状况，制定科学合理的运动处方，督促青少年按时长期进行有规律的运动锻炼，使其肢体力量、运动能力得到最佳发展。

3. 成年人运动处方

成年人运动处方是为 20～59 周岁的成人制定的特殊运动处方。成年人是促进经济高速发展和社会快速进步的中流砥柱，加强运动和制定合理的运动处方，对于增强其身体素质和提高健康水平有着举足轻重的作用。成年人运动处方可分为两种：青年人运动处方与中年人运动处方。青年人运动处方旨在防止年轻人身体过早地衰退，通过运动处方的锻炼保持年轻人的青春活力；中年人运动处方是针对中年人体主要生物系统的机能从最高水平下降 10%～30%，以及在患慢性疾病的概率上随年龄的增长而逐渐提高的特点而制定的。中年人运动处方必须在详细考虑中年人身体素质，并做好基本的身体健康检查之后，再制定周密的身体状况评估，在评估结果的基础上，为中年受众合理地制定。

4. 老年人运动处方

针对老年人年龄偏高（60 岁以上）、身体机能下降、身体各项指标较差的特点，慎重地制订老年人运动处方计划。老年人运动处方制定的主要目的是延缓衰老，提升健康水平，以实现老有所养、老有所乐的希冀。针对老年人群的特殊身体素质，推荐老年人运动处方中的项目以力轻缓、节奏慢为主基调，如太极拳、散步等。

（四）按运动处方锻炼作用分类

1. 全身耐力运动处方

全身耐力运动处方以提高心肺功能为主要目标。按照运动处方进行系统的锻炼，可以缩短患者住院时间，使患者更快地恢复工作能力。目前全身耐力运动处方除用于急性心肌梗死患者的康复之外，在国外已经广泛用于心血管系统慢性疾病（如冠心病、高血压）、代谢疾病（糖尿病、肥胖病）、长期卧床引起心肺功能下降等疾病的预防、治疗和康复。

在全民健身计划实行的过程中，全身耐力运动处方被用于科学地指导健身，以提高锻炼者的耐力素质，维持合理的身体成分，消除亚健康状态的症状。

2. 力量运动处方

力量运动处方的主要作用是提高肌肉的力量耐力。在康复医学中，通过运动疗法，即患者主动的肌力锻炼，使失用性萎缩肌肉的力量得到提高，肌肉横断面和体积加大，起到改善肢体运动功能的作用。在全民健身运动中，力量运动处方用于指导健身者科学地进行增强肌力的训练，以达到提高力量素质、减缓中年以后肌肉萎缩的速度、预防骨质疏松等目的。

3. 柔韧性运动处方

柔韧性运动处方的作用是提高人体的柔韧素质。在康复医学中，通过各种主动、被动运动等，使因伤病而受累关节活动幅度尽量保持、增加或恢复到正常的范围。在全民健身运动中，柔韧性运动处方用于指导健身者采用科学的手段和方法，提高身体的柔韧素质，预防随年龄增长而导致的关节活动幅度下降。

四、体育训练处方的内容

（一）运动目的

根据个体不同的身体情况确定的运动目标即为运动目的。运动目的具有主观和客观的双重性。主观性表现为对运动的意向、愿望和兴趣，它是以情绪为核心的主观意愿需要。而客观性则更多的是由于健康状况、疾病程度等身体客观状况产生的需求，把运动作为满足机体健康需要的一种手段。

具体来讲，运动目的包括以下三方面：①治疗身体疾病；②增强运动竞技水平；③提高身体素质。

（二）运动项目

运动项目主要根据锻炼者所要达到的目的而定，具体来讲，主要包括以下几种类型。

第一，耐力型运动：球类运动、跑步、散步等。部分耐力型运动和其他运动类型相比更为激烈，如篮球、足球等，有些则较为枯燥，如长跑、散步等。

第二，力量型运动：以抗阻运动为主。空间秩序上，上承热身运动，下接整理与拉伸运动。为避免意外事故，应多利用自身重量进行力量训练。

第三，伸展性运动：太极、体操、运动操等。空间秩序上，伸展性运动安排在耐力型运动、力量型运动之后，起到放松的作用，亦可作为主项活动。

（三）运动量

1. 运动强度

运动强度指的是运动项目对人体生理机能的刺激程度，是运动处方十分重要的方面。个体需要结合运动测试结果对自己的身体状况有初步了解后，再决定相应的运动强度。

此部分会涉及几个衡量指标：最大摄氧量（VO_2max）、代谢当量（MET）、心率（HR）等。结合相关研究可知，一般情况下较多涉及的是代谢当量和心率。

代谢当量指的是运动时的能耗量与安静时的能耗量的比值。安静时人体一般每千克体重每分钟的耗氧量为3.5ml，即1 MET。不同强度的活动根据耗氧量不同，可分为低、中、高三种强度，低强度小于等于3 METs，中强度3～6 METs，高强度大于6 METs。不过，不同年龄段相对应的强度标准不同，详情如表6-1所示。

表 6-1　心肺耐力和抗阻运动强度表

强度等级	绝对强度（MET）	不同年龄段的绝对强度（MET）		
		青年人（20～39岁）	中年人（40～64岁）	老年人（≥65岁）
低	<2	<2.4	<2.0	<1.6
较低	2.0～3.0	<4.8	<4.0	<3.2
中等	3.0～6.0	4.8～7.2	4.0～6.0	3.2～4.8
较大	6.0～8.8	7.2～10.2	6.0～8.5	4.8～6.8
大到最大	≥8.8	≥10.2	≥8.5	≥6.8

除此之外，心率具体可以分为安静心率（HRrest）、最大心率（HRmax）、心率储备（HHR），三者的关系为：心率储备＝最大心率－安静心率。这几项指标不仅是确定运动强度的重要衡量标准，也是运动测试中 12 分钟跑的检测指标。在运动测试后，测试者会得到自身健康状况的结果，以此作为依据来制定运动处方强度。以有氧运动为例，健康状况较好的人群可以选择 40%～90%HHR 这个范围内的运动强度，而自身健康状况较差的人群需要选择 30%～60%HHR 这个范围内的运动强度。

2. 运动时间

所谓运动时间就是指运动持续时间，一般建议成年人每日完成 30～60 分钟（累计）的中等强度锻炼，或者是 20～60 分钟较大强度锻炼，也可以是中等强度与较大强度结合的锻炼。

3. 运动频率

不同运动类型的运动频率会有差异。例如，对于有氧运动，笔者的建议为：每周进行至少 5 天的中等强度运动，或者 3 天的高等强度运动；对于抗阻运动，笔者建议成年人每周进行 2～3 天的练习；对于拉伸性练习则建议每周进行 2～3 天，每日练习效果会更好。

4. 运动次数

运动次数即每周运动的次数。运动间隔时间过长或过短都会影响运动处方的效果。若以 70%～85% 的最大心率进行运动，最佳的运动次数是每周 3 天。

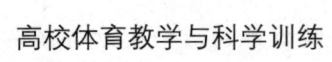

若以较低运动强度进行运动，则需要每周进行多于 3 天的运动，以达到运动目的。

（四）运动注意事项

为保证安全，根据处方对象的具体情况，在锻炼时应当注意以下事项。

第一，在以治疗和康复为目的的运动处方中，应指出禁止参加的运动项目和某些易发生危险的动作。

第二，应指出运动中的自我观察指标以及出现指标异常时停止运动的标准。

第三，每次锻炼前后都要充分地做好准备活动和整理活动。

第四，掌握和了解一些必要的体育卫生知识，如运动后不要立即坐下或躺下，以免引起休克或其他不适感觉；不能立即吃生冷食物；不能马上进行冷水浴；等等。

（五）运动处方的格式

运动处方可根据不同的需要采用不同的格式，但在处方中，必须指出禁止参加的运动项目、锻炼的自我监督指标以及发现异常情况时停止运动的准则等。

在制定和执行处方时，必须严格遵守循序渐进、个别对待的原则，加强医务监督，充分考虑安全。

第二节 运动处方的应用与注意问题

一、运动处方的创新与应用

运动处方的目的是更好地方便教师或家长在空闲的时间里给予学生相对专业的运动指导，更加有针对性地提升学生的体质素质。所以提升大学生身体素质的运动处方的存在是必要的。有了科学的运动处方的指导，可以不断促进学校教师在教学内容、教学方式方面的革新，加快促进大学生身体素质的全面发展。

随着科技的发展，体育行业也面临着信息化的变革，可穿戴设备在我国的大量普及说明体育信息正被赋予更多的价值。"智慧体育"发展理念下，体育行业积累的运动数据为数据挖掘以及智能算法实现运动处方应用提供了数据基础。新技术的应用也为运动处方的发展提供了新模式，创造出更多应用价值。

第六章　科学训练的运动处方与损伤预防

（一）个性化运动处方应用系统设计

1. 系统框架设计

个性化运动处方系统平台建立在数据分析技术的基础上，运用 Hadoop 大数据仓库储存和管理运动项目数据、用户数据、运动状态数据等，在数据支持下对用户进行分析，创建用户画像，并对用户体质进行评定。根据用户画像和体质评定结果生成运动处方，在运动处方实施过程中，不断分析用户行为，进而从用户偏好和效果评估出发，不断优化运动处方。

设计的系统需要在实现以上基本功能的前提下，进一步实现运动处方的持续优化和运动指导。首先，系统从数据仓库中获取数据，并做聚类分析，同时根据用户分析所得的用户画像进行运动处方生成、运动项目推荐、运动方案规划、运动项目量化、运动项目标定；然后，从用户分析中，对用户体质进行评定，实现运动参数制定，同时在大数据仓库中获取大众体质数据，结合用户的个人运动数据进行运动效果预测和运动风险监测，最终实现运动处方的反馈调节。

关于运动处方的持续优化，应从用户行为分析中挖掘用户的偏好，再从历史运动数据中进行反差计算，获得运动效果评估，以此为据从运动项目和运动参数两个方面动态调整运动处方，实现运动处方的持续优化。

2. 数据存储与处理流程

（1）数据储存平台

Hadoop 是一种分布式存储架构，可以支持数据的大规模并发操作。Hadoop 完整地封装了底层原理，在此基础上可以调用其接口实现分布式程序开发，在高并发操作时，能很好地支持数据的运算和储存。

HDFS 是 Hadoop 的核心组件，具有抗毁伤、高容错的特点，能够保证数据安全，即便部署在低廉的设备上也能保证高并发和安全性。而且 HDFS 具有高吞吐量的特点，适用于大规模数据操作的应用程序或高并发的应用程序。结合运动项目筛选和运动数据分析功能要求，可以选择 Hadoop 作为数据承载平台，实现高并发的计算要求和高可靠性的数据安全保障。

（2）数据处理流程

获取数据后需要对数据进行预处理，其内容包含数据的审查以及缺损数据的修补。由于运动数据来源可能包含可穿戴运动设备、智能设备、专业体育设施设备或运动者主观评定，因此，需要对数据进行预处理，并对数据进行归一化。

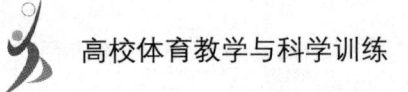

对于获得的数据首先进行质量鉴定，评判数据的有效性，其次对缺损数据进行填补，存储为统一数据格式。对储存入数据仓库的数据，系统后台进行用户的聚类分析、运动项目的相似度计算以及运动效果和风险预测。用户的聚类分析有助于挖掘运动项目和用户需求的潜在关联，也可以根据不同类别的用户推荐效果良好的典型运动处方。系统运用相似度计算发掘效果相似的运动项目，细化和丰富运动项目，使系统性能随着数据的提升更加高效准确。系统根据运动数据进行运动预测，利用反差计算判别运动者在耐力、强度方面的提升，同时运用胶囊神经网络模型检测运动风险。

3. 运动者模型搭建

运动者模型搭建系统对用户创建用户画像即运动者模型，其基本内容包含人体基本信息如身高、体重、年龄、性别，运动偏好如跑步类、球类、骑行、游泳、耐力类、竞技类等，身体体质，最大运动强度，最大运动时长以及最大运动频率，疾病信息等。

在运动者模型基础上实现体能分析和实时运动指导。在运动者模型中，针对基础的作用部位、运动强度系数，利用卡福能公式计算相对运动等级，从而确定运动的有氧程度；根据环境数据计算环境系数，根据作用部位确定效果系数；在运动过程中计算心肺功能、有氧能力、体脂消耗等评价数据。每一次计算的评价数据都用于实时运动效果的分析，并根据分析结果指导用户运动。

实时运动分析需要依赖逐步丰富的个人运动数据加以调整，以保证结果贴合个体差异。基于胶囊神经网络的心律监测模型根据心律数据预测运动风险。将实时运动心率数据与历史运动数据进行反差计算，判断用户在运动强度和运动时长上的变化，从而发掘用户在锻炼过程中运动能力的提升和运动习惯的变化，并评估用户的运动效果。

实时运动分析除关注运动心律之外，也要判断运动强度是否满足运动项目最低要求和超出运动安全范围，并记录运动量，既避免过劳运动，也要防止运动不足而导致运动效果不明显等问题。

随着运动数据的积累，心律监测模型也会不断优化，以适应差异化服务。通过实时运动分析得到的体质变化判别结果并将其作为运动处方管理所需的反馈依据。此外，其调节依据还包括运动时长和运动频率的变化等。

4. 运动处方模型搭建

运动处方模型是描述运动处方的数据结构，其内容包含运动处方类型、运

第六章　科学训练的运动处方与损伤预防

动项目、执行每个运动项目的强度和时长、运动处方的执行频率、运动注意事项。运动处方模型描述了运动项目针对运动需求的相关属性以及运动强度、时长和频率参数。运动处方模型针对运动需求和运动目的而建立，面向运动处方方案制订和实施管理提供数据支持。

针对运动处方的应用，可以将运动处方的实施编制成由若干个运动计划组成的运动方案，每个运动计划包含运动执行的日期、运动时长以及运动强度。用户根据运动方案提供的运动计划实施运动处方，并在运动过程中，根据实际情况调整运动方案。因此运动处方模型还包含运动目标、完成运动目标的时间以及若干个运动计划、运动过程中的注意事项。通过管理运动处方模型来调整运动方案，以保证用户的运动计划顺利实施。运动处方模型的构建简化了运动处方生成和管理。

5. 运动处方生成

为了有效推动运动处方的生成，可以采取分析用户运动能力的方式来获得相应的用户身体体质、运动偏好、运动目的等数据以及作用对象参数，并实现运动者模型和理想运动模型的建立健全。基于此，通过对改进的协同过滤算法的合理运用，计算出各候选运动项目与理想运动模型的相似度，以此来获得各候选运动项目对运动需求的适应度。为了选定恰当的运动处方的运动项目，应以运动数据库中候选运动项目的适应度计算结果为依据，筛选出其中适应度最高的一个或多个运动项目作为该处方的运动项目。

获得运动项目之后，利用NSGA-Ⅱ算法，在运动者模型和运动项目的约束条件下计算符合运动者体能的运动处方参数。最终，将运动处方类型、运动目的、运动频率、运动项目、运动时长、运动强度等内容组建成运动处方模型。在运动处方模型的基础上，制订运动方案，安排运动计划，获得运动处方面向实现的实例化运动方案。

运动项目筛选过程中，根据用户对推荐运动项目的选择，排除用户不喜欢的运动项目，并对生成的运动处方模型和运动方案进行处方校验，通过用户的主观反馈调整运动处方参数和运动项目，以此优化运动处方，使其满足用户偏好。

6. 运动处方实施与管理

（1）运动处方管理与优化方法

适宜个体体质的运动处方参数是保证运动处方效力的关键因素。要想发挥运动处方的高效性，也需要实时对运动处方参数进行微调。另外，运动处方的实施也需要根据运动者的环境和运动条件灵活调整，以此确保运动者能获得有效运动方案。因此，对个性化运动处方的管理是一个动态的过程，随着用户体质改变以及周围环境、运动设施条件的改变而做出灵活调整，其调整主要包含运动参数调整和运动项目替换，确保用户能有效实施运动处方。因为运动者的体质时刻发生变化，运动处方调整也是一个反馈调节过程。

由于用户差异，运动处方调整采用反馈调节机制实现对运动处方的个性化管理。反馈调节机制在用户运动过程中实时分析运动状态，并通过运动状态预估运动效果，对运动过程中的异常进行检查，实现实时的运动指导。同时运动完成后评估用户的运动效果以及体质变化，以判断运动处方参数设置是否需要改进，并确定运动处方参数改进方向。

运动处方反馈调节机制可以根据运动过程中的实时数据，通过历史数据对比，计算用户体质变化。当用户体质有明显改善时，调整运动处方参数多目标优化条件，重新求解运动处方参数，保证用户能以最适宜当前体质的运动强度、运动时长和运动频率进行锻炼。另外，对于运动环境或运动设施条件的变化造成当前运动处方无法实施的情况，运动处方反馈调节机制根据运动效果相似度筛查可替代的运动项目，生成新的运动处方。

所谓的实时运动分析，即在运动过程中，对实时运动数据进行状态判断，从而确定用户是否进行了有效运动。心律监测模型对运动心率异常进行检测，预测用户在运动过程中可能遇到的危险。从运动心律中获取心率数据，与心率预估模型提供的预测心率进行对比，预估运动效果。根据心率判断运动量和运动强度是否达到临界值，并对当前运动提出指导意见。

在运动处方管理过程中，由于个性化的运动监测依赖历史数据分析，需要持续优化运动评价模型，再利用优化的运动评价模型指导实时运动。运动评价模型收集运动过程中的运动数据上传到历史数据中，对数据进行归一化，并利用历史数据优化心律监测模型，提高判别准确度。

此外，根据历史数据丰富运动项目属性，以此优化运动筛选模型，进而更加准确地进行运动方案调整。将当前运动强度和时长与历史数据中的运动强度和时长数据进行反差计算，判断用户在运动能力方面的提升，从而优化运动处方参数，并对运动效果进行评估。

（2）基于反馈的运动处方参数优化

系统在用户首次实施运动处方时，由于冷启动没有历史数据支持，因此采用实际实施过程中逐步优化策略实现运动参数的优化。由于运动频率受人们生活习惯和条件影响较大，运动过程中主要监控运动强度和时长，指导用户完成运动处方计划，根据用户的反馈调整运动强度和时长。

一般情况下，利用积分运算可以获得有效运动量，从而根据疲劳度调整运动强度和时长。当疲劳度较大而运动量不够时调整运动时长，并预估运动效果。当运动时长达到一定值时，运动强度与运动时长呈现负相关，运动强度过大会导致疲劳度过高而运动量不足，因此，需要在运动过程中根据用户反馈调整运动强度或时长。

随着用户运动量的积累，其体质会逐渐发生变化，抑或用户因生活环境原因导致运动频率或时长发生变化，运动处方的参数也需要进行调整以保证运动处方的顺利实施。运动处方参数的反馈调节依靠运动过程中收集的运动数据与历史数据的对比，发现用户在运动强度上的提升，以及用户在运动时长和运动频率上的变化，当用户的运动强度或者运动时长、频率发生较大变化时，重新设定运动处方参数求解条件，计算新的运动处方参数，以满足用户变化的身体状况或运动环境。

在运动处方的实施中，运动项目和运动参数都要根据实际情况灵活调整。用户在执行运动过程中，随着周围环境变化可能导致既定运动项目无法实施，或用户对系统推荐的运动项目不感兴趣，此时系统需要尽可能调整运动方案，以符合当前的用户需求或运动环境。系统首先保障运动效果，调整协同过滤算法权重矩阵，从而得到符合用户兴趣或运动环境的运动项目，生成新的运动处方。

（二）运动处方在体育训练中的具体应用

开处方本来是指医生给病人开药，而运动处方与医生临床开处方取药有不同之处：一是目的不同。前者是用来提高体适能力、促进健康、发展身体潜能或预防疾病；后者是用来治疗疾病。二是使用终点不同。运动处方在人的一生中都可发挥重要作用；临床药物处方在病人痊愈后即停止使用。人们要想获得健康以及提高体适能水平和运动潜能，必须终身进行适当的体育运动。

在实际生活中，可以把运动处方的理论应用到竞技运动训练和比赛中，应用运动处方进行运动训练，形成运动处方的训练模式。根据不同项目，不同体质，不同心理、年龄、性别等因素，按照制定运动处方的方法先对学生进行全方位测试，然后根据测试结果制定科学合理的训练内容。在周期训练后再进行各方面的检测，之后制定下一周期的训练内容，循序渐进，逐步提高，最大限度地发展个人潜能（生理、心理）以达到预期目标。

二、运动处方的注意问题

（一）运动处方需具备均衡性

提升大学生体质健康的运动处方面向的是当代的大学生，所以运动处方的作用主要是引导大学生全面提升身体素质，而不只是面向体测考试。有什么测试就练什么，这样仅仅是片面地提升大学生的成绩，而不是全面均衡地提升大学生的身体素质。真正的运动处方需要让学生全面均衡地提升自身的身体素质。

《国家学生体质健康标准》中规定的运动也只是间接反映学生体质某一些指标，并不表示成绩好的学生的身体素质是全面的。运动处方的制定需要分析不同类型的大学生的身体素质，全面均衡地考虑大学生的身体情况，从而全面均衡地发展学生的身体素质。

（二）运动处方需具备针对性

每一类的运动处方，都应该考量对应大学生的身体素质。个性化的运动处方是有针对性地补齐学生身体素质的短板，强化身体素质的优势，这样才能更加全面高效地发展当代大学生的整体身体素质。个性化的运动处方需要在分析不同类型的大学生的身体素质的同时，度量不同运动对于大学生身体素质各个方面的提升，这样制定的个性化运动处方才能快速准确地提升大学生各个方面的身体素质。

（三）运动处方需具备科学性

大学生的身体素质参差不齐，所以科学的运动处方需要考虑很多因素。例如，BMI 反映的是学生的体型，所以 BMI 偏高的学生不适合过于剧烈的运动。对于体型偏胖的学生来说，他们的灵活性和柔韧度达不到要求，所以很难完成剧烈运动或拉伸运动。他们需要先习惯运动，做一些慢跑之类的有氧运动，持之以恒，逐步加大运动量。所以说，运动处方的制定不能忽视每个学生的发育和身体状况，要循序渐进地因材施教，这样才能达到最佳训练效果，逐步实现每位学生的全面发展。

（四）运动处方需具备动态性

对每位学生来说，随着按照有针对性的运动处方去运动，其身体状况会在一定时期有所变化，所以每位学生的身体状态在整个干预过程中是动态变化的。因此相应的运动处方方案要不断变化。在不同阶段，运动处方制定者要收集学生的反馈，随之调整相应的运动处方，这样才能达到理想的干预状态。

举例来讲，在为学生制定以减重为目的的运动处方时，在 4 周干预方案后，学生的体重有了明显的下降，但是还未达到学生的减重目标，那么在后续的运动处方中，必须根据学生的现实身体状态进行适当调整，之前的运动强度、运动频率等已经不再适合当前的锻炼要求。如此制定的运动处方才是学生真正需要的。

（五）运动处方需具备安全性

制定运动处方时，必须保证运动处方在安全的范围内进行，如果超出了这个阈值，可能就会使学生发生危险。在制定和实施运动处方时，必须严格遵循各项规定和要求，这样才可以确保学生的安全。如果学生的身体条件太差，那在制定运动处方后，应要求学生严格按照规定的时间、强度、频度等进行锻炼；如果学生身体强壮，对于运动处方的制定要求可以不那么严格。

（六）运动处方需具备系统性

体育训练运动处方要有很强的目的性，并且有明确的远期目标和近期目标。为了达到目标，运动处方中的训练安排有较强的计划性，要求实施者持续进行，即体育训练运动处方的实施是一个循环反复的过程，只有完成计划才能体现效果，这就体现了运动处方的系统性。

第三节　体育科学训练中损伤的预防

一、运动损伤的定义

运动损伤是指在训练比赛时或者训练比赛后一段时间里身体出现的各种伤害。国外相关研究者把运动损伤定义为在各种大小型比赛或者大小负荷训练中造成当下或者今后一段时间内机体不能在正常状态下进行体育活动的损伤。

我国学者石作砺在相关研究中将运动损伤定义为体育活动者在运动时机体发生器官和组织上的破坏，是运动医学领域主要内容之一。他指出竞技体育中运动损伤的发生是运动项目特点以及主客观因素所导致的，如技术动作、体能、环境因素等。

此外，学者们普遍认同的一个观点是将运动损伤的概念界定为人从事体育活动的过程中，在主客观因素的影响下导致运动系统的破坏。

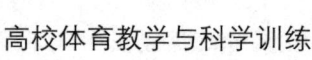

综上所述，各学者对运动损伤概念的理解都是以从事体育活动为前提基础的。但是因为每位学者都有其独特的见解，所以会对损伤的含义产生各种各样的归类方法。

由于运动中的损伤会对人们的身体健康产生一定的影响，情况严重时有可能会使身体某些部分丧失功能，而对运动员的影响则表现在使其训练与竞赛不能按照原计划进行，从而降低了竞赛成绩。所以在各个体育项目中，更需要引起人们对运动损伤足够的关注与深入的探讨。

二、运动损伤的分类

在运动损伤的分类方面，每位学者也都有自己独特的见解。因为分析的角度不一样，所以可以用各种各样的区分方式对运动损伤进行归类。

（一）按损伤性质分类

按照损伤的性质来分，可以将运动损伤分为两种，即急性损伤与慢性损伤。

急性损伤是指直接或间接外力一次作用而致伤，伤后症状迅速出现，病程一般较短。这种损伤的身体反应与慢性损伤有所不同，一般会出现发红发热与肿痛等现象。

慢性损伤按病因又可分为陈旧伤和劳损伤两类。陈旧伤是急性损伤后因处理不当而致使其反复发作。劳损伤是由于局部运动负荷量安排不当，长期承担过重，超出了组织所能承受的能力，局部过劳致伤，症状出现缓慢，病程较长。

（二）按损伤程度分类

按照损伤程度，可以把运动损伤分为3种。损伤程度最高的是重度损伤，其表现是在身体受损大约1个星期以后仍然不可以进行任何活动；损伤程度中等的是中度损伤，其表现是在身体受损1个星期以内可以适当进行少量的运动，有必要时可以终止；损伤程度最低的是轻度损伤，其表现是身体受损以后还可以像以往一样继续活动与练习。

但是在损伤程度归类的问题上，学者们的看法迥然不同。他们进行了更为细致的考虑，把损伤程度划分出明显的界限。一些学者把轻度损伤划分为不影响工作和训练，把中度损伤划分为不能按原本的计划继续训练，而把重度损伤划分为需要终止训练并接受治疗。

此外，还有一些学者按照受伤以后身体不能恢复的具体时间来总结损伤的程度。其中受伤以后未能康复和活动的时间在 1 个月之上的属于重度损伤，而受伤以后未能康复和活动仅在 1 天之上的属于中度损伤。然而，更有一些学者的要求极为严格，他们觉得在受伤以后要完全不能继续活动才能纳入损伤范围，这是由于受伤后不能恢复活动的时间越长，受伤情况就越糟糕。所以，他们认为轻度损伤应为不可以练习低于 1 个星期；中度损伤应为不可以练习 7～30 天；重度损伤则应为不可以练习 30 天以上。国外一些学者考虑到虽然有时候受伤情况不严重，甚至没有对后来的练习与竞赛产生消极作用，但它也和受伤有着一定的联系，因此要将这类损伤归为轻度损伤。

三、造成运动损伤的因素分析

运动损伤是在多种因素共同作用下形成的。分析运动损伤的发生机制首先从训练学的角度开展。学生在进行运动训练的过程中，所承受的训练负荷超过了阈值则会对机体造成伤害，反之若负荷强度过低则无法对机体产生有效刺激，无法获得应有的训练效果；而学生在训练或比赛结束后体内堆积大量乳酸，机体呈疲劳状态，疲劳状态下进行训练提高了损伤发生的概率。其次，技术特点在损伤的发生机制中也扮演着重要角色。学生做某些专业动作时，超过生理极限时会引发损伤。最后是学生心理以及生理方面造成的损伤，机体能量的快速消耗、注意力的不集中和情绪的把控度不足等加速运动损伤出现的进程。

综上所述，训练因素、技术因素、心理因素以及生理因素是运动损伤发生机制的组成部分，但运动损伤的发生并不是单一因素直接导致的，而是发生机制所有的组成部分在共同作用下导致的，因此在对损伤进行预防方案的制订时应进行综合全面的分析。

（一）训练因素分析

科学的训练促进学生的发展，反之则形成不良影响，即运动损伤的发生。以下是对训练因素的详细分析。

1.训练前准备活动不科学

在训练和比赛中或者是在日常的休闲锻炼中，在进行运动前都离不开充分且科学的准备活动。准备活动能够使人体的各个组织器官和神经系统快速地从静止状态有序进入运动工作状态。

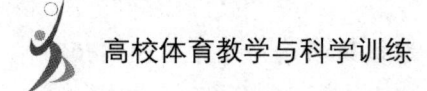

在日常训练中，准备活动也被称为热身活动。在现如今的体育锻炼理念中，在运动前必须进行与运动项目相关的准备活动，实现一定的运动损伤的预防。不同的运动项目所需要的力量、速度、耐力、柔韧性、灵敏性等身体素质各不相同，因而所需要的准备活动也就不同。在日常训练中，针对一般的运动训练的项目可以进行普通的准备活动，面对专项的训练或比赛时就要进行有针对性的准备活动。

训练前的准备活动不科学主要体现为准备活动的时间不适宜、准备活动的活动内容与运动项目不符合、准备活动的活动量不够和准备活动的负荷过大、没有进行体育活动等。在日常的训练中，需要结合项目特点进行有针对性的准备活动，从而有效进行运动损伤的预防。

2. 训练中负荷过大

在运动过程中，以提高运动员的运动成绩和竞技能力所进行的刺激可以称为训练负荷。训练负荷可以改变运动员的机体状态和提高他们的竞技能力，主要由负荷量和负荷强度构成。负荷强度是训练负荷的质的反映，而负荷量是训练负荷的数量反映。

相关调查清晰地反映出训练中负荷过大会对运动员的机体造成一定的损伤。可以看出训练负荷是一把双刃剑，在日常训练中的训练刺激所产生的负荷既可能使运动员的竞技能力提高，也可能降低运动员的竞技能力，因此不论是在一次训练还是在多次训练中，甚至是一周、一年、多年训练中都要掌握好负荷量和负荷强度。

笔者在调查中发现，很多学生在训练中没有适宜的负荷增长目标，没有在训练中根据自己的训练实际情况循序渐进地增加负荷量，没有针对不同的项目来发展训练负荷，最终由于训练负荷的不科学，造成机体出现疲劳、肌肉损伤、关节损伤等情况，影响日常的训练和运动成绩的提高。

3. 训练的组织形式不科学

在教学活动或日常的训练中，教师的教学方法和训练方法都与学生所要学习的内容有关，这就对教师的专业知识水平和教学组织能力等各个方面提出很高的要求。训练中的组织形式具有重要作用，在训练中教师如果训练组织不当就很容易造成学生在各个环节出现差错，如准备活动不到位、训练内容不合理、训练负荷不科学等，最终导致学生在训练中出现运动损伤，影响最终的运动成绩。因此教师应加强自身的专业知识水平，提高教学组织能力。

4. 带伤训练

带伤训练导致伤病情况加重在训练中是经常发生的。在日常的训练或比赛测试中，会出现一些学生由于之前身体的轻微损伤或者发生损伤后没有完全恢复就急于加入运动训练，使原本的轻度损伤进一步恶化为重度损伤。没有完全恢复就进行大强度高负荷的训练，会造成学生在训练中训练情绪不佳，缺乏训练的激情，训练时注意力不集中，最终导致身体其他一些部位由于损伤部位的不协调等，增加新的损伤，从而形成恶性循环，对学生日常的训练和提高竞技水平、运动成绩都有很大的负面影响。因此在日常的训练中，学生要加强对自身的检测，重视自己的健康情况。

5. 缺乏恢复措施

机体在经受高强度训练以及比赛后，肌肉代谢产生大量乳酸，若不采取有效的恢复措施则会使乳酸在体内无法被分解和吸收，导致局部血液循环障碍，进而引发肌肉僵硬、酸痛的现象。

笔者经调查后发现，一些高校的学生以及教师对放松恢复的重视度不够，恢复措施较为单一，训练以及比赛后多是在教师统一安排下进行简单的主动拉伸以及按摩。学生自我主动放松的意识不够强烈，鲜有积极主动自我放松的现象；同时学生对恢复手段方面的知识不足，掌握的方式方法较少，无法满足自身所需，因此学生发生运动损伤的可能性大大提高。

（二）技术因素分析

技术方面的因素在造成运动损伤的因素中依然是主要因素，主要包括对技术动作的掌握不到位、没有掌握一定的自我保护动作、对技术动作的熟练程度不够。

1. 对技术动作的掌握不到位

笔者在对造成运动损伤的技术因素进行调查时发现，对技术动作掌握不到位的学生大多是初步接触训练，训练前没有学习某一项技术动作的理论知识，对理论知识的学习不重视，在教师进行动作讲解时没有认真对待。

具体来说，学生在训练中进行肢体运动或者器械投掷时没有把握正确的发力点，违反了运动生物力学的正常规律。在训练中运动项目繁多，每一项技术动作都有难以理解的地方，这就更容易造成学生在运动时技术动作变形，身体的平

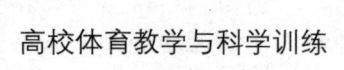

衡性发生改变，最终造成运动时发力点部位损伤。因此在进行任何一项运动前，学生都要学习该技术重点理论知识，对技术动作要进行多次练习，掌握正确的技术动作，从而获得规避损伤的重要手段。

2. 没有掌握一定的自我保护动作

笔者在调查研究中发现，很多学生的运动损伤是在运动训练过程中缺乏一定的自我保护能力造成的，在训练和比赛中这种现象是比较常见的，学生在发生力的相互作用时不能熟练地进行力的缓冲。因此，学生在训练中掌握一定的自我保护动作、增强自我保护意识可以有效减少损伤的发生，且根据自己的身体素质和技术水平合理地进行自我保护。

3. 对技术动作的熟练度不够

在进行体育训练时，技术动作正确熟练是提高运动竞技水平和运动成绩的有效方法，更是避免学生在训练中发生运动损伤的重要前提。

笔者在调查中发现，技术动作掌握不熟练也是造成运动损伤的关键因素。学生技术动作不熟练多数是由于其在学习新技术时，没有及时地对动作进行重复的练习，再者就是练习技术动作前没有做好准备活动，身体各个器官没有达到最佳状态。因此，学生在训练中要加强对技术动作的巩固练习，熟练地掌握技术动作来避免运动损伤的发生，进而提高运动成绩。

（三）心理因素分析

学生发生运动损伤的心理因素，在所有运动损伤因素中排在第三位，是主要的致伤因素。笔者在对造成运动损伤的心理因素的调查研究中发现，造成运动损伤的心理因素主要有注意力不集中、训练时心理过度紧张或兴奋、自我防范意识差、情绪低落、自我调节能力低下。

在日常的训练中，心理因素对学生的训练至关重要。积极的良好的心理因素有利于激发学生的训练热情，提高学生的运动成绩；消极的不好的心理因素容易造成学生在训练中发生运动损伤，不利于日常的训练。

1. 注意力不集中

注意力不集中是造成运动损伤的主要心理因素之一。笔者通过调查发现，在平时的训练中，一些学生由于身体疲劳、对运动项目的不热爱，在教师进行动作要领讲解时，不能认真听讲，当正式进行训练时由于心理的应激反应产生一系列的负面情绪，注意力分散，从而在进行某项动作的训练时很容易造成运动损伤。针对学生注意力不集中的问题，教师要积极地引导学生改变这种情况。

2. 心理过度紧张或兴奋

心理过度紧张或兴奋引起的运动损伤在一些高校中也是确实存在的。在日常的训练或比赛中，有些学生由于缺乏自信心，或初次接触不熟悉的运动项目，或对技术动作不了解，造成在训练或比赛时心理过度紧张，呼吸紧张，肢体不协调，最终发生运动损伤。有的学生在训练或比赛时过度兴奋，训练时用力过猛，不按要求进行训练而发生运动损伤。针对学生心理过度紧张或兴奋的问题，教师应对症下药，积极地对学生进行心理疏导，避免运动损伤的发生。

3. 自我防范意识差

防范意识差也是主要的运动损伤心理因素。笔者在调查中发现，有些学生在训练前进行准备活动时没有充分热身，一部分学生在发生运动损伤后不及时就医，在发生轻度损伤后没有充分恢复就进行训练。学生自我防范意识的缺乏在训练中是不可忽视的，教师应对学生进行培训，加强他们的自我防范意识。

4. 情绪低落

学生的情绪是复杂多变的，在训练中学生情绪低落也是常见的现象。往往学生情绪低落时，就会出现不想训练、应付训练的情况，不认真做准备活动，技术学习不到位，进而引发运动损伤。

5. 自我调节能力低下

自我调节能力，指的是学生自我情绪调节的能力。自我调节能力差的学生在自我情绪的控制上表现差，伤病会对其产生重大的影响；自我调节能力强的学生在经历伤病后能够快速从伤病的阴影中走出来，并使自己的竞技水平再度得到提升。积极乐观的心态决定学生之后能达到的高度，能够促使学生心理素质的提高；而消极萎靡的心态会延误学生损伤的康复以及造成新的损伤。

（四）生理因素分析

大学生的年龄处于 18～22 岁，身体正处于发育的关键时期，各个身体器官、机能水平几乎接近成年人的身体素质要求，但是各方面的发展还不是很平衡，身体的柔韧性、协调性和速度正处于最好的阶段，但身体的耐力和力量还有进一步发展的空间。后天的训练是很重要的。经过后天的科学训练，学生的体育

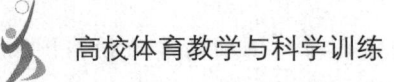

成绩会有很大的提高，但这也是学生容易出现运动损伤的重要原因之一。

经过高强度、长时间的训练，学生的力量和耐力不能达到训练的强度，就会出现身体疲劳、精神状态不佳、厌恶训练的现象，进而形成恶性循环，使身体的其他机能水平降低，最终发生运动损伤。

1. 运动疲劳

运动疲劳在造成运动损伤的生理因素中为主要的致伤因素。笔者在调查中发现，出现运动疲劳的学生大多数都是在日常训练和比赛时负荷量太大，身体无法承担训练和比赛造成的疲劳。大多数学生出现运动疲劳都表现为身体内脏器官的疲劳、肌肉酸痛、血尿以及神经系统的疲劳。

有些学校为了在短时间内提高学生的运动成绩，进行高强度大负荷的训练，最终导致学生产生运动疲劳，影响训练的进度。在日常训练中，学生要通过自身的内部感受和外部观察，及时对自身的健康情况进行监督，教师要多关注学生的训练情况。

2. 伤病未愈

伤病未愈在造成运动损伤的生理因素中排在第二位。笔者在调查时发现，由于伤病未愈造成运动损伤的学生大多是为了在短时间里提高运动成绩，当发生运动损伤时没有及时就医或者错过了最佳治疗时间，造成运动损伤的加重，并且在运动损伤还没有完全恢复的情况下继续进行训练，使损伤的部位再次发生伤病，形成恶性循环，引发其他部位的损伤。

因此，学生在训练中如果发生运动损伤要及时就医，教师要做好学生的思想工作，加强对学生的就医指导。

3. 身体素质差

身体素质与人们的生活、劳动、学习等紧密联系，当然也体现于人们的体育锻炼。身体素质一般指人体所表现出来的速度、力量、耐力、柔韧性、灵敏度等机能，也是衡量一个人体质的表现。笔者通过对一些高校的调查，发现部分学生平时学习繁重，训练时间较少，其身体素质也相对较差，一旦进行高强度训练，其身体各方面很难承受，就会造成一系列的运动损伤问题。针对身体素质差的学生，教师要科学化地训练，循序渐进地增强其体质。

4. 其他生理因素

笔者在调查中发现，部分学生的日常生活习惯不规律，晚上下课后不按时睡觉,经常性地熬夜,第二天训练时状态不佳、注意力不集中,长此以往造成身体功能的下降,从而导致在训练中出现运动损伤。

四、运动损伤的预防措施

(一)科学合理地安排训练

运动训练是提高学生体育水平与能力的基础,是学生取得优异体育成绩的内在决定因素,它涵盖了训练内容、训练负荷和机能恢复等要素。各个要素统筹安排、综合作用,能够在促进学生竞技能力提升的同时预防运动损伤。

首先是科学训练内容的合理构建,要丰富训练内容的层次,扩宽训练内容的广度。教师应遵循竞技需要与定向发展的原则,依据专项能力的结构特点确定训练的内容,如力量素质和耐力素质是竞技能力发展的关键,那么在内容安排上增加力量训练以及耐力训练的时间占比。

此外,要注意充分调动学生主动参与训练的积极性。持续的科学训练是取得理想训练效果的必要条件。训练内容应在系统与周期训练原则的指导下制定,原因在于机体对训练负荷的适应是周期性的而不是一蹴而就的。所施加的负荷应逐步增加,整个训练内容的安排要注意周期间的衔接,协调好各个周期之间的关系。

在训练负荷方面,学生的身体素质会随着训练负荷的提升而不断强化。但是教师要对训练负荷的强度进行严格把控。负荷强度过低,机体得不到有效刺激,无法满足训练效果;反之,负荷强度超过了机体所能承受的极限时会对机体组织和器官造成破坏,出现运动损伤。过度疲劳就是负荷过大的典型症状。为降低这种风险,适当减少训练时间,提高训练效率不失为一种好的方式。同时,在学生产生疲劳后,教师应尽快采取多种机能恢复方法,如训练学中的交替安排训练的负荷、调整间歇的时间和方式,物理放松中的按摩、水浴和服用快速恢复营养剂等,目的是快速排出机体内堆积的乳酸,恢复机体状态,降低运动损伤发生的概率。

(二)做好充分的准备活动

准备活动是人进行运动前的基础阶段。准备活动越充分,学生在训练过程中发生运动损伤的概率也就越小。准备活动能够加快血液循环速度、缩短心肺系统在运动初期适应的时间、提高身体温度以便降低肌肉的黏滞性、增强肌腱和韧带的伸展性、提高神经系统的兴奋性、强化身体各器官的功能等，帮助机体完成从静止状态到工作状态的快速切换，同时降低机体内环境对外界环境的应激反应。

准备活动主要包括一般准备活动与专项技术动作准备活动。一般准备活动是指简单的基本动作，如深蹲、开合跳、弓箭步跳等激活动作，以及动态拉伸的基本动作。专项技术动作准备活动所进行的内容与一般准备活动有所区别，是根据运动项目专门设定的动作。

为提高学生神经系统的兴奋性，缩短机体进入工作的时间，教师可以丰富准备活动的内容，刺激学生的神经系统，提高其兴奋性。准备活动的内容制定灵活多变，但要科学且有效。一般准备活动内容的制定应考虑训练日学生的身体状态和外界环境；专项技术动作准备活动的内容则应根据当日专项技术动作的特点进行制定。如果学生不可避免地带伤训练，那么受伤部位的准备活动要区别对待，不可操之过急。

此外，由于不同学生的身体机能存在差异，准备活动的负荷安排应区别对待。在准备活动的内容制定中，对机体受伤部位要高度重视，在保护受伤部位的同时应加强受伤部位周围小肌群的肌肉力量训练，由此增加易受伤部位的本体感觉，提升其周围肌肉的承受能力。

（三）重视理论知识学习

理论知识的学习指的是对运动损伤知识、训练学知识及解剖学知识等的学习。理论来源于实践，实践验证理论。让学生学习理论知识的目的是使学生形成自我保护的意识，预防运动损伤的发生。

首先是运动损伤基础理论的学习。如果学生对运动损伤知识的了解不足，那么其对损伤的重视程度是达不到要求的。同样，缺乏理论知识的储备更无法谈及有效地运用。运动损伤发生后的应急措施实施不当，对损伤的时效以及后续恢复都将造成不利的影响。因此在日常的训练课中，高校应当加强学生的安全教育，开展针对教师、学生和医务监督人员的运动损伤基础理论的学习讲座，通过观看视频等方式，使他们认识到运动损伤理论知识的重要性。

学生在学习运动损伤理论基础知识的过程中，随着学习的深入，逐步建立起运动损伤预防观念，形成自我保护意识。同时，学生对运动损伤的认知度也在不断提高，当达到一定高度后即可对运动损伤的程度有清晰的评估，提升危急时刻的应急能力。

运动损伤的成因与运动项目的特点高度关联。专项技术动作是运动损伤的主导因素，学生应以训练学理论知识为基础对专项技术动作进行深入研究分析，了解动作的结构，认识运动损伤的发生机制，掌握科学的训练方法，进而规避运动损伤的发生。此外，加强运动解剖学知识的学习能够帮助学生了解人体肌肉、韧带和关节生理结构，正确认识运动损伤的病因病理，预防运动损伤的发生。

（四）全面提高身体素质

大多数运动都是由跑、跳、投、走等组成的，对人体的速度、力量、耐力、柔韧性、灵敏性都有着极高的要求。当学生的身体素质不佳的时候，就会出现因体力不支、技术动作变形等问题造成的运动损伤。

学生取得优异的运动成绩的前提是拥有良好的身体素质。身体素质的锻炼要全面进行。学生在进行力量训练时，也要兼顾速度、耐力、灵敏性、柔韧性的锻炼，循序渐进地进行提高。针对短距离爆发性运动就要加强对速度素质和力量素质的锻炼，针对长距离时间久的运动项目就需要加强耐力素质的锻炼。

（五）加强对良好心理素质的培养

加强对学生良好心理素质的培养能够为学生训练和比赛打下坚实的基础。对于学生在期末考核和比赛时出现的巨大压力，教师必须引导学生合理地缓解压力，高校应聘请心理专家定期对学生良好的心理素质进行培养。

心理素质的好与差不但影响学生的日常学习成绩、运动比赛时的运动成绩，还会影响学生在训练时运动损伤的发生。好的心理素质可以使学生有坚强的意志去克服困难，取得良好的成绩；差的心理素质会使学生注意力不集中、意志软弱、产生自卑感、对训练和学习不感兴趣，从而导致运动损伤的发生。

（六）加强医疗监督和损伤后的恢复

加强对学生的医疗监督和损伤后的恢复至关重要。学生的医疗监督不仅是教师、医务工作者对其监督，学生的自身监督也极其重要，因此提高学生自身的监督意识必不可少。

在训练前，教师应对学生进行一个全面身体医疗检查，了解每位学生的身体情况，从而有针对性地进行训练。学生通过自身感受、外部观察来加强对自身的医疗监督，当身体不适的时候要及时就医。另外，教师与医务工作者要掌握学生在运动中的情况。

学生发生运动损伤后要积极就医，遵循医生的要求进行充分恢复，伤病完全恢复后再进行训练。在这一过程中，教师和医务工作者要切实履行自身对学生的医疗监督职责。

（七）加强训练场地和器材的维护与更新

训练场地和器材是学生在日常训练中接触最多的而且是训练时不可或缺的基本要素。平坦舒适的训练场地和安全高效的训练器材是提高学生的竞技水平和运动成绩的前提条件，同时也是预防学生在训练时发生运动损伤的基础。教师要教会学生检查器械的方法，同时教师也要在每次训练前对训练器材进行检查，及时维护与更新训练场地和器材，一切从学生安全出发。

第四节 体育运动损伤的康复调整

一、运动康复概述

"康复"在英文中用"recovery"表示，有恢复、复原、痊愈和重获的意思。康复在古代社会就有所涉及，与古代的战争、疾病和自然灾害等息息相关。

"康复"一词最早见于南朝《三国志》裴松之注："康复社稷，岂曰天助，抑亦人谋也。"中国的《黄帝内经》中就提出"天人合一"的整体观和"阴阳"辩证观，详细介绍了针灸、按摩等方法用于治疗各种疾病，奠定了东方康复的基础。

康复作为现代医学的一部分始于20世纪40年代，主要用于伤残者和患病人口的恢复。随着康复医学的迅猛发展，康复的定义不断被更新。在1961年，世界卫生组织专家委员会对康复提出了新的定义：康复是指综合地和协调地应用医学的、社会的、教育的和职业的措施，对患者进行训练和再训练，使其活动能力达到尽可能高的水平。

康复的内涵在时代的发展中日益深化，传统的康复逐渐迈入更多新的领域，逐渐渗透进社会康复、社区康复和运动康复等各个方面。康复医学与其他学科逐渐形成交叉融合的大趋势，各个学者从不同的视角对康复进行了多种解释，形成了很多新的内涵。

明确运动康复的定义需要从运动入手。运动对人的作用毋庸置疑。首先，运动能够对人的身体产生巨大的影响，能够使个体的神经、内分泌、免疫、心血管、呼吸等八大系统的机能得到提高，改善亚健康的状态。其次，运动对人的心理也能产生积极的影响，能够增强人的意志品质，提高审美情趣，拓展人际关系，改善情绪状态，能使运动参与者呈现兴奋的状态。运动作为康复中的重要组成部分，日益得到人们的关注与推广。由于新型冠状病毒肺炎疫情的常态化，人们对健康也越来越重视，对运动康复的接受程度呈现上升趋势。

国内外学者不仅将运动康复置于医学领域，也将运动康复置于教育领域。不能忽视体育运动在运动康复中的作用，应该有体育相关的理论支持运动康复，体育在其中也应该占有很大的比重。

随着研究的不断深入，运动康复的评定方法和适用人群以及适用身体部位等都逐渐呈现多样化的趋势，人们也将亚健康人群作为运动康复的对象。诸如刘宝林、黄竞、王利、巫会朋等在文章中指出，运动康复能够使膝、踝关节出现损伤后得到好转，使受损伤者能够保证日常生活的正常开展。熊琳琳、王鹏、魏毅、尹辉等在文中阐明了运动康复对亚健康人群的积极影响。还有很多学者分别研究了通过运动康复改善残疾人出现的肢体运动功能障碍，脑卒中偏瘫患者的运动功能恢复，术后运动康复，运动康复对颈肩腰腿痛、肝硬化、糖尿病等多种疾病的预防、控制和治疗，运动康复的适用范围逐渐多元化。

由此可见，运动康复不是单一学科，而是由多门学科理论知识构成的。运动康复以体育理论、体育游戏、体能训练、心理学等为基础，其最终目的是为人的健康服务，以期达到预想中的身心健康发展水平。

二、运动损伤的康复调整措施

（一）中医疗法

中医疗法是以中医学理论为基础，作用于临床的治疗手段。自古至今中医疗法在我国疾病的防治方面有着举足轻重的地位，尤其是对运动医学领域而言。其特点有治疗方法简便、效果显著和无副作用表现。中医疗法所独有的治疗方式包括针灸、推拿、拔罐、中药等，其主要作用原理是活血化瘀、疏通经脉、通活气血，以达到消除伤处肿胀、疼痛的目的。针对不同运动损伤的特点，结合相应的中医治疗方法，能够加速运动损伤的康复。

1. 针灸疗法

针灸是中医疗法中的一种治疗手段，对机体具有活络经脉和消炎止痛的功效。针灸疗法应用于运动损伤时疗程短，且在发挥作用的情况下效果显著。中医学中认为，针刺机体穴位时可产生相应的刺激并沿经络传导至内脏器官，由内而外起到治疗作用。对于运动损伤的治疗，如踝关节扭伤，针灸疗法的早期介入有快速消肿止痛之效。前交叉韧带损伤是较为常见的运动损伤，针刺法进行辅助治疗时能够有效改善股四头肌的力学特征，进而减轻膝关节的肿痛，促进膝关节功能恢复。

此外，电针刺激疗法对运动损伤的治疗所起到的作用很大，它是传统医学与现代科技结合的产物。电刺激疗法是指针刺腧穴后，通过特定的电极对针施加一定强度的电流，电流能够对机体产生相应的刺激，作用于患处的深层部位，经神经、经络传导，改善局部微循环，达到减轻或清除炎症、肿胀的功效，尤其是在软组织损伤中的应用价值很高。许凯声等通过研究认为，对股后肌群拉伤患者在阿是穴以及周围肌肉使用电针刺激疗法进行治疗，能起到良好的效果。

2. 按摩疗法

按摩是中医疗法的手段之一，是以中医的脏腑、经络学说为理论基础并结合临床医学，使用按摩手法作用于人体。

人体的一切生命活动是依靠气血的有力运行维持的，当气血运行受阻时，人体各项机能水平下降，生命活动因此受限。运动损伤是使气血运行受阻的主要原因之一，当损伤出现后，局部血管的破裂引发淤血堆积、肿胀、疼痛等现象，按摩可以疏通经络，由外到里调整经气，达到通活气血的目的，以此消除损伤部位的肿胀和疼痛，进而促进损伤的恢复。例如，对韧带损伤的治疗中，按摩能够促进患处局部血液循环，进而消除疼痛、缓解肿胀以及松解肌肉粘连，促进运动损伤的痊愈，使人尽早恢复正常生理功能并恢复训练状态。再有是对关节损伤的治疗中，按摩的作用是改善关节部位血液供给，维持关节周围肌细胞的活性，有助于关节屈伸的恢复，从而消除关节功能障碍。

3. 中药疗法

中药在我国自古流传，在疾病的防治方面扮演着重要角色，同样在运动医学领域发挥着不可忽视的作用。中药的治疗主要分为内服和外敷两种方式：内服是指服用三七片、川芎以及九分散等，能够起到活血化瘀、消除肿痛的作用；外敷是指将木香、当归、红花、五加皮等合成外敷药贴敷在某些穴位、肿胀疼痛的损伤部位，利用贴敷药物对人体进行刺激，促进运动损伤的康复。

此外，中药疗法配合推拿和运动疗法综合使用所起到的效果要远远大于单一使用的效果。张辉武等在相关研究中表明，中药外敷结合运动疗法对膝关节内侧副韧带损伤的关节周围疼痛以及膝关节功能的恢复有着良好的作用。

中医疗法对运动损伤治疗的重要性不言而喻，针灸、按摩和中药等治疗方式都有着各自对损伤的作用，而各自作用综合起来能够对运动损伤的治愈起到更好的效果。因此，在应用中医疗法促进学生的运动损伤康复时，相关人员应在科学理论的基础上，结合多种技术协同进行治疗，促进机体的恢复，帮助学生尽快投入训练和比赛。

（二）物理因子疗法

机体对任何性质的运动损伤都有一定的自身修复能力，但是依靠这种自身修复能力不能满足学生的需求，其恢复过程所耗费的时间较长，再生的组织与其原有结构也存在差异，负荷承受能力降低，导致学生无法尽快投入训练及比赛。因此，可以通过借助外界治疗手段对机体损伤部位进行有效刺激，缩短组织修复的时间，提高组织细胞的活性，接近乃至超越原有的生理结构，进而促进学生的发展。

在物理因子疗法中，包括光波疗法、微波治疗、超短波治疗、DMS 深层肌肉刺激疗法、肌内效贴疗法等，但是临床中物理因子疗法的选择需根据作用深度和作用机制来决定。例如，软组织损伤伤口愈合后的瘢痕收缩期可以结合超声波治疗技术，目的是吸收伤口周围的组织液和促进纤维组织软化，防治肌纤维粘连并消除瘢痕。

紫外线治疗、超短波治疗、光波疗法等可应用于术后伤口愈合，主要分为术后伤口未感染和感染两种情形。前者是为促进渗出物的吸收进而预防炎症出现，刺激软组织再生；后者是为控制感染程度，降低炎症，促进坏死组织脱落，促进肉芽组织生长。DMS 深层肌肉刺激疗法是一种新型的损伤临床治疗方式，近年来应用于运动损伤治疗领域愈发普遍，其原理是利用垂直物理振动，作用于肌肉的深层，恢复肌肉本体感觉，而且能够在减轻疼痛的同时恢复肌肉的长度。

此外，在运动损伤的治疗中，肌内效贴疗法在现阶段的应用较为广泛。作为非侵入性的治疗技术，肌内效贴疗法在运动损伤的临床治疗中有着很好的疗效，尤其对骨骼肌肉损伤的防治有着重要作用。肌内效贴能够对皮肤产生一定的牵拉作用力，增加皮肤与结缔组织之间的间隙，加快皮下血液的流通，促进组织的再生。此外，肌内效贴对皮肤的作用力加大时会刺激皮肤的感受器，增强皮肤的本体感觉，通过疼痛的反馈效果进行调节，降低疼痛感。同时，肌内效贴能够对力量较小的肌肉起到有效增强的作用，对关节和肌肉进行重新排列调整并固定，支撑肌肉正常活动，帮助矫正姿势，改善肌肉收缩功能，消除关节功能障碍。膝关节和腰背部位是常见发病部位，对于膝关节损伤术后的康复，肌内效贴能够对应增强股四头肌的力量，提高膝关节稳定性，加快淋巴的回流进而消除肿胀，促进人体的快速恢复。

物理因子疗法在对运动损伤的治疗中处于不可或缺的地位，但是我们要对各项疗法有清晰的认知，根据损伤性质结合使用不同的疗法。同时，多种疗法可综合进行，严格制订并优化治疗方案，充分发挥各疗法之间的协同作用，加快运动损伤的治愈。

参考文献

[1] 向政.高校体育教学方法改革与创新［M］.北京：光明日报出版社，2016.

[2] 戴信言.高校体育教学多种模式的探索［M］.北京：中国原子能出版社，2016.

[3] 任婷婷.高校体育教学管理改革与模式构建［M］.长春：吉林大学出版社，2017.

[4] 陈轩昂.新时期高校体育教学的改革与发展［M］.北京：航空工业出版社，2019.

[5] 谷茂恒，姜武成.高校体育教学评价体系的构建［M］.北京：航空工业出版社，2019.

[6] 马鹏涛.高校体育教学改革创新与科学化训练研究［M］.北京：新华出版社，2018.

[7] 曹宏宏.高校体育与健康课程教学实践改革研究［M］.长春：吉林出版集团股份有限公司，2018.

[8] 张艳.高校体育教学与体育竞赛活动研究［M］.北京：北京工业大学出版社，2018.

[9] 周春娟.高校体育教学的影响因素分析与改革探索［M］.青岛：中国海洋大学出版社，2018.

[10] 刘伟.高校体育教育创新理念与实践教学研究［M］.北京：九州出版社，2019.

[11] 张京杭.高校体育教学方法实践探索［M］.北京：现代出版社，2020.

[12] 郝英.高校体育教学俱乐部的组织与设计［M］.北京：九州出版社，2020.

[13] 杨乃彤，王毅.高校体育教学创新及运动教育模式应用研究［M］.北京：九州出版社，2020.

[14] 吴广，冯强，冯聪.高校体育管理体制与教学改革研究［M］.北京：研究出版社，2020.

[15] 邱天.高校体育创新思维的教学与实践［M］.厦门：厦门大学出版社，2020.

[16] 刘景堂.高校体育教学改革研究［M］.北京：中国纺织出版社有限公司，2020.

[17] 王丽丽，许波，李清瑶.教育技术在高校体育教学中的实践探索［M］.长春：吉林人民出版社，2021.

[18] 谢宾，王新光，时春梅.高校体育教学与运动训练研究［M］.长春：吉林人民出版社，2021.

[19] 张琳.基于终身体育理念的高校体育教学创新策略分析［J］.运动精品，2020，39（10）：19.

[20] 黄世光.拓展训练在高校体育教学中的应用实践［J］.科技资讯，2020，18（29）：200-202.

[21] 倪德财.翻转课堂视域下高校体育教学微课优化设计［J］.农家参谋，2020（19）：259.

[22] 许丽.高校体育教学中翻转课堂教学模式应用研究［J］.高教学刊，2020（30）：99-102.

[23] 李国璋.素质教育下的高校体育教学现状与创新改革策略研究［J］.教育教学论坛，2020（33）：200-201.

[24] 闫洁.高校体育教学环境的现状分析及优化策略研究［J］.老字号品牌营销，2020（8）：105-106.

[25] 王晓博.高校体育教学对大学生创新能力培养路径探究［J］.黑龙江科学，2020，11（15）：122-123.

[26] 姚如好，邢立付.高校体育教学中渗透健康教育的必要性及优化策略研究［J］.财富时代，2020（7）：240.

[27] 余士光.现代教育技术在高校体育教学中的应用研究［J］.当代体育科技，2020，10（19）：107-108.

[28] 张婷，刘哲."互联网+"背景下高校体育教学混合学习模式探究［J］.当代体育科技，2020，10（19）：164-166.

[29] 马晓媛.高校体育教学中培养大学生终身体育意识的必要性和优化策略［J］.财富时代，2020（6）：89-90.

[30] 谷颖.新时代普通高校体育教学质量保障体系研究［J］.科教导刊，2020（18）：41-42.